立人天地

屠格涅夫与维亚尔多：

我依然爱你

[俄罗斯] 叶连娜·佩尔武申娜 著
(Елена Первушина)
顾宏哲 管泽 译 曾思艺 校

Тургенев и Виардо.
Я все еще люблю

黑龙江出版集团
黑龙江教育出版社

版权登记号：08-2016-027

图书在版编目（CIP）数据

屠格涅夫与维亚尔多：我依然爱你 /（俄罗斯）佩尔武申娜著；
顾宏哲，管泽译. -- 哈尔滨：黑龙江教育出版社，2016. 3
ISBN 978-7-5316-8684-2

Ⅰ. ①屠… Ⅱ. ①佩… ②顾… ③管… Ⅲ. ①屠格涅夫, I. S.（1818～1883）—书信集 Ⅳ. ①K835.125.6

中国版本图书馆CIP数据核字(2016)第062344号

屠格涅夫与维亚尔多：我依然爱你
TUGENIEFU YU WEIYAERDUO：WO YIRAN AINI

选题策划　王春晨
作　　者　〔俄罗斯〕叶连娜·佩尔武申娜（Елена Первушина）著
译　　者　顾宏哲 管　泽 译 曾思艺 校
责任编辑　宋舒白 郝雅丽
装帧设计　冯军辉
责任校对　孙　丽
营销推广　李珊慧

出版发行　黑龙江教育出版社（哈尔滨市南岗区花园街158号）
印　　刷　北京鹏润伟业印刷有限公司
新浪微博　http://weibo.com/longjiaoshe
公众微信　heilongjiangjiaoyu
天 猫 店　https://hljjycbsts.tmall.com
E-mail　heilongjiangjiaoyu@126.com
电　　话　010—64187564

开　　本　880×1230　1/32
印　　张　8.5
字　　数　162千
版　　次　2016年6月第1版　2016年6月第1次印刷
书　　号　ISBN 978-7-5316-8684-2
定　　价　36.00元

目 录 / contents

第一章 作家

一只雄鸽在向一只雌鸽献殷勤，它鼓起蓝灰色中间杂有珍珠母色羽毛的嗉子，张开翅膀，用尾巴在沙土小路上画着短弧，倒换着双脚，转着圈，声音低沉地叫唤着，劝说着:“咕……咕……咕咕……”

雌鸽瘦弱、端庄，羽毛的颜色比雄鸽的要深一些。雌鸽迈着步，好像没看到雄鸽一样，但没有飞走，默许雄鸽在它的必经之路上踏步、画圈……紧贴在雌鸽头上的白色小羽毛，使它出人意料地看起来像极了布留洛夫（Брюллов）[①]的《女骑士》（*Всадница*）。

一个深色头发、深色眼珠的小男孩，呆立在树干旁看着（两只鸽子），更确切地，就像他后来说的:“沉浸在一种完全宁静的感受中，这种感受可能每个人都熟悉，其乐趣在于宽广的生命波浪，在我们周围和我们内心里勉强意识得到，或毫无声息的灵光突现。”

太阳在古老的花园和整个庄园的上方冉冉升起，林荫道上的

① 卡尔·巴甫洛维奇·布留洛夫（1799—1852），俄国19世纪上半期学院派的代表大师，俄罗斯民族绘画创始人，其代表作品有《庞贝的末日》《酒神的聚会》《女骑士》等。——译者注

树影眼看着变得越来越短，路上的椴树花香则变得愈加浓厚、愈加馥郁。顽固的暑热取代了清晨的凉爽，这股热气以身体能够感知的力量压迫着人的胸口和肩膀。仓头燕雀在树丛中鸣叫。高处某个地方，红胸鸲在老橡树的树冠里唱出急促而又悦耳的歌声，马厩里传出阵阵马嘶，飘出微弱却又刺鼻恼人的焦油味儿。但是，所有的这一切都没有破坏宁静的气氛。这片宁静就在小男孩的心里。

突然，一阵不太大的声音使小男孩回到现实中来。房子里响起了轻柔婉转的长笛声，男孩全神倾听，但怎么也不能确定这音调是大调，还是小调。这一点非常重要。音乐声变得更响亮、更自信了。长笛发出大量婉转的鸟鸣声。大调，肯定是大调！小男孩朝着林荫道尽头的那座白色房子跑去，惊飞了两只鸽子……

伊万·谢尔盖耶维奇·屠格涅夫（Иван Сергеевич Тургенев）是瓦尔瓦拉·彼得罗夫娜（Варвара Петровна）[①]与谢尔盖·尼古拉耶维奇·屠格涅夫（Сергей Николаевич Тургенев）[②]的次子，瓦尔瓦拉婚前姓卢托维诺娃（Лутовинова）。伊万·屠格涅夫1818年10月28日（俄历11月9日）出生于奥廖尔。童年在其母亲名下的斯帕斯科耶-卢托维诺沃庄园里度过。瓦尔瓦拉·彼得罗夫娜其貌不扬，长得也不年轻，年少时没少受到继父的折磨，因此被迫离家出走，投奔为人吝啬的舅舅，竟然意外地成了舅舅的唯一财产继承人和拥有5000名农奴的女地主与令人羡慕的新娘人选。出于强烈的爱情，她

① 瓦尔瓦拉·彼得罗夫娜·屠格涅夫（1787—1850）——屠格涅夫的母亲，专横、暴戾的女地主，后来屠格涅夫在其作品《木木》中写到了他的母亲。——译者注

② 谢尔盖·尼古拉耶维奇·屠格涅夫（1793—1834）——屠格涅夫的父亲，温文尔雅，却甚少关心家庭，屠格涅夫在其作品《初恋》中写到了他的父亲。——译者注

嫁给了一个家道没落的骑兵团团长，这位团长唯一的优点就是容貌出众。“沙皇亚历山大一世之后，我还没见过一个比您丈夫更帅气的人。”——瓦尔瓦拉在矿泉疗养地遇到的一位德国公主这样对她说。然而，瓦尔瓦拉·彼得罗夫娜十分清楚丈夫以及这场婚姻的真正价值。谢尔盖·尼古拉耶维奇从不参与庄园的管理，他只关心斯帕斯科耶周边地区的风流韵事。瓦尔瓦拉·彼得罗夫娜将所有爱与理解的希望，都寄托在孩子们身上了。

后事前提，我们得说，孩子们让她失望了。

最小的孩子谢尔盖（Сергей）自幼饱受癫痫病的折磨，16岁那年就去世了。

据同代人回忆，大儿子尼古拉（Николай）“完全不是俄式的，而是一位英式的绅士”，他没有辜负瓦尔瓦拉的希望。他跟随父亲到军队服役，战友们都记得他，因为“尼古拉爱嘲笑人，尽管没有恶意，但在适当的情况下，也不拒绝刺激一下别人，甚至恶毒地讥笑他们”。尼古拉·谢尔盖耶维奇的言语是五花八门、极其响亮的。他精通多种语言，每种语言都说得像母语一样……“无论尼古拉·谢尔盖耶维奇说多少话、说多长时间，我们总是叹服并赞叹他拥有将一切事物表达得生动又形象的非凡才能……”在母亲看来，尼古拉最“放肆”之处，就是他选择了在斯帕斯科耶做女仆的“来自里加的德国女人”安娜·雅科夫列夫娜·施瓦尔兹（Анна ЯковлевнаШварц）做生活伴侣。瓦尔瓦拉对此十分愤怒，甚至当这对年轻夫妇有了孩子（不过都夭折了）后，仍然拒绝给儿子支付生活费。尼古拉被迫退伍，到国家财产局三部办公室工作，靠给准备考军校的男孩子们培训法语赚钱。

谢尔盖·尼古拉耶维奇·屠格涅夫——作家的父亲。无名画家，1810年代。

安娜·雅科夫列夫娜教人弹钢琴。直到1849年，瓦尔瓦拉去世的前一年，她才同意了这门婚事并安排尼古拉管理自己的家产。但这完全不意味着母亲宽恕了迷途的浪子。1849年11月，尼古拉在一封信中写道："……一拿到钱，我就去农村。不是去斯帕斯科耶，我被禁止进入那个地方……但我将在屠格涅沃[①]搭帐篷，在那里，我将像另一个堂·吉诃德那样给自己建造个小屋，至少是在自己家里过日子……"瓦尔瓦拉没能成功挑唆两兄弟的关系。伊万·谢尔盖耶维奇支持尼古拉。伊万·谢尔盖耶维奇觉得安娜·雅科夫列夫娜是个有魅力的女人，他帮助他们在屠格涅沃里安置下来。为了保护哥哥，伊万·谢尔盖耶维奇与母亲争吵过。母亲去世后，他在保障哥哥与安娜·雅科夫列夫娜生活的前提下，公平地与哥哥分割了家产。

的确，尽管伊万是瓦尔瓦拉的宠儿，但是与她和睦相处也很困难。自从成了独断专行的庄园女主人之后，女地主瓦尔瓦拉就变得行为怪异：用蹩脚的法语与家人交流，用法语祷告，给自己设立了一位"宫廷大臣"并赐姓"卞肯多夫"[②]，封14岁的送信小孩为"信使大臣"，庄园里的仆人们也晋升为"皇室女仆"和"皇室侍从长"，随意给他们改名字，成天抽打教训他们，只要他们行礼动作难看、微笑笑得不好就惩罚他们。瓦尔瓦拉还养着一家农奴剧院，经常与邻近的地主互换女演员。她总是恣意妄为，随意处置别人。屠格涅夫从小就记得聋哑看门人安德烈（Андрей）与他的小

①父亲的田庄。

②卞肯多夫（Александр Христофорович Бенкендорф，1783—1844），俄国国务活动家、伯爵。——译者注

狗木木（Муму）的故事。

给这位女地主送信需要特殊的仪式。“信使大臣”常常要转交来自姆岑斯克的“宫廷大臣”的信。他需要提前检查信件，如果发现信纸带有致哀的黑边，就要吩咐“宫廷长笛手”演奏哀乐，好让瓦尔瓦拉提前知道消息。如果没有报丧的信，长笛手就要演奏欢快的乐曲。

母亲的宠儿万涅奇克[①]（Ванечка）也逃不掉挨打的命运。像许多外省女地主一样，瓦尔瓦拉身边有许多亲信和食客。有一次发生了这样的事：“一个女食客，已经很老了，天晓得她居然暗中监视我，并向我母亲告我的状。”屠格涅夫讲道。“我的母亲，不问青红皂白，马上就开始用鞭子打我，她亲自动手，无论我怎么哀求她告诉我挨打的原因，她就是说：‘你自己清楚，你自己应该知道，自己去想我为什么打你！’”为了停止受罚，小男孩当然愿意承认错误，可他并不知道自己错在哪里。因此，每天都挨打。绝望的他看不到别的出路，决定离家出走。

“我已经起来了，悄悄地穿好衣服，在黑暗中穿过走廊，逃向门房。”——屠格涅夫回忆道：“我自己也不知道想去哪儿，只是觉得，必须离开这里，逃到一个他们找不到的地方，这是唯一能够救我的办法。我像个贼一样偷偷摸摸地走着，呼吸困难，哆哆嗦嗦。突然，走廊里出现了一支点燃的蜡烛，让我心惊肉跳的是，我看见一个人向我走过来，——这是个德国人，我的家庭教师。他抓住我的手，非常吃惊地开始盘问我。‘我想跑。’说完，

①屠格涅夫的名字伊万的爱称。——译者注

我哭了起来。‘怎么跑？往哪儿跑？’‘跑到哪儿算哪儿。’‘为什么跑？’‘因为总是打我，我还不知道为什么。’‘您不知道？’‘我对天发誓，真的不知道……’

这时，这个善良的老头对我表示了同情，拥抱了我并向我保证，今后再也不会有人惩罚我了。第二天早上，他跑去敲我母亲的房门，与她单独谈了好久。(从此之后)，我获得了安宁。”

还有一件事，可能更加可怕。小伊万在庄园里最要好的一个朋友列昂季·谢列布里亚科夫[1]，是个“蹩脚的演员和诗人”，他让小伊万了解了俄罗斯诗歌。屠格涅夫将这段经历写入了自己的中篇小说《普宁与巴布林》(*Пунин и Бабурин*)，“无法表达我当时的感受。”——屠格涅夫写道：

在那时候，只要碰到合适的机会，他就会像故事中的隐修士或神灵一样出现在我面前，腋下夹着一本大书，用一根弯曲的长手指偷偷地召唤我，神秘兮兮地给我递眼色，还用他的头、他的眉毛、他的肩膀、他的全身示意我去花园深处隐秘的地方，没有人会到那里去找我们，也没有人能够在那里找到我们！看，我们已经神不知鬼不觉地逃了出来；看，我们顺利地到达了我们的一个秘密地点；看，我们已经并排坐好，书本正在慢慢打开，书中散发出一阵腐旧的气味。可对当时的我来讲，这却是一种无法形容的芳香！我怀着怎样的激动和怎样的不安，默默地期待着，眼睛望着普宁

①列昂季·谢列布里亚科夫(Леонтий Серебряков)，屠格涅夫少年时代的玩伴，也是其家中的奴仆，《普宁与巴布林》中的主人公原型。——译者注

> （Пунин）的脸、望着他的嘴唇——从这嘴唇里马上就要流出一长串美好的话语！朗诵的声音终于响起来了！周围的一切全都消失了……不，不是消失，而是像一阵烟雾一样的远远地飘走了，只留下友好和慈爱的印象！这些树木、这些绿叶、这些高草把我们团团围住，将我们与世上其他的一切隔离开来。谁也不知道我们在哪里，我们是什么人。而陪伴我们的是诗歌，我们沉浸在诗歌里面，我们沉醉在诗意之中，我们正在做一件重要、伟大、神秘的事情……普宁特别喜欢读诗——喜欢读铿锵有力的诗。为了这些诗他可以不要命！他并不是在读诗，而是像一个喝醉了的人、像一个疯子、像女祭司皮蒂娅那样，带着鼻音，庄严、流畅、爽朗地把它们呼喊出来！而且他还有一个习惯，开始先把诗轻轻地念一遍，声音很低，好像在喃喃自语……他把这个叫做“草读”。然后他突然把同一首诗大声地“精读”出来，他会猛地跳起来，举起双手——不知是祈祷，还是命令……
>
> 就这样，我们不仅读完了罗蒙诺索夫（Ломоносов）、苏马罗科夫（Сумароков）和康捷米尔（Кантемир）的诗……连赫拉斯科夫（Херасков）的《罗西亚达》（*Россияда*）我们也读完了。

有一天夜里，屠格涅夫和普宁偷偷潜入两人都被禁止入内的藏书室，找到了那本《罗西亚达》和《象征之书》（*Книга эмблем*）。“我们的房间里放着很多家制、带玻璃门的黑漆柜子，上面落满了灰尘，”——屠格涅夫写道：“里面堆着许多18世纪70年代黑褐色精装封面的厚书，横躺竖卧、大头朝下的都有，用绳子捆着，蒙着一层灰，散发着老鼠粪的味道。当时我8岁或9岁。一天夜里，我和一个家仆（一个年轻人，甚至算得上一个不甚高明的诗人）约好，到神圣不可侵犯的书柜里好好搜索一番。当时正值深夜，我们撬开锁，我踩在他的肩膀上，双手都擦破了、出了血，弄到了两个大家伙。他马上把其中一本拿走了，我把另一本藏在楼梯下面，惴惴不安地等着天亮。落到我手里的那本是1780年印制的《象征之书》，特别厚，每一页都绘有6种符号，反面附有4种文字的说明。我一整天都在翻看我的书，上床睡觉时，满脑子都是模模糊糊的形象。我忘记了许多符号的象征意义，只记得像'咆哮的狮子'象征着伟大的力量，'骑着独角兽的黑人'象征着图谋不轨等诸如此类的东西。夜里可真够我忙的！独角兽、黑人、沙皇、太阳、金字塔、宝剑、蛇，旋风般在我可怜的小脑袋里旋转。我自己也成了符号，我也'象征着'某些东西——一会儿被太阳照亮，一会儿陷入黑暗，一会儿蹲在树上，一会儿坐在坑里，一会儿腾云驾雾，一会儿跑到钟楼上，行走坐卧，忙得不亦乐乎。有个人来叫我起床，我差点没问他：'你是什么符号？'"

偷书的事始终没有被发现，但这未能挽救谢列布里亚科夫。因为某种过错，他被送去当兵了。万涅奇克同他永远告别了。

瓦尔瓦拉不想让儿子们学习音乐，她认为这不是男人应该学的东西。后来，屠格涅夫经常对此感到十分后悔。不过，他们母子之间也有短暂的心灵相通的时刻，也许正因如此，瓦尔瓦拉·彼得罗夫娜才特别喜爱万涅奇克，难以让他离开自己。他们两人都喜欢鸟。

瓦尔瓦拉在斯帕斯科耶给儿子写信说：

> 因为想念你，我在所有房间里都养了山雀……它们有时候唱歌，有时候淘气。我还养了一只金丝雀，鸟舍里还有红腹灰雀、黄雀、金翅雀、黄鹀和仓头燕雀。黄雀唱歌，金翅雀鸣叫，而红腹灰雀低吟。”在另一封信中，她写道：“鸽子们笃笃地敲着窗户……咕咕……咕咕……咕咕……新来的仆人叶戈尔卡（Егорка）笨手笨脚的，拿着鸟食和袋子走过来，鸽子们朝他飞过去，最后，落在台阶上、凉台上，拥挤、打闹、争抢，而这时，12点的钟声敲响了……

父亲不过问庄园的管理，也不关心孩子们的教育。“一次，只有一次！——他对我表示了一点温情，使我差点哭出来……”——屠格涅夫回忆道。

新婚第一年，谢尔盖·尼古拉耶维奇与瓦尔瓦拉·彼得罗夫娜还曾试图和睦相处、相互理解。谢尔盖·尼古拉耶维奇带着年轻的妻子和7岁的尼古拉、5岁的万涅奇克去欧洲开眼界。他们游历了柏林、德累斯顿、卡尔斯巴德、奥格斯堡、伯尔尼、巴塞尔、巴黎、斯特拉斯堡、卡尔斯鲁厄、纽伦堡、布拉格、维也纳……然而，每到一处，谢尔盖·尼古拉耶维奇都会遇到别的女人——更年轻、更漂亮的女人。

终于，瓦尔瓦拉·彼得罗夫娜厌倦了吃醋，与家庭医生安德烈·叶夫斯塔费耶维奇·别尔斯（Андрей Евстафьевич Берс）谈起了恋爱。瓦尔瓦拉跟他生了个女儿，并以自己的名字为她取名为瓦尔瓦拉·彼得罗夫娜·波格丹诺维奇-卢托维诺娃（Варвара

Петровна Богданович-Лутовинова)，以养女的名义留在自己身边。安德烈·叶夫斯塔费耶维奇·别尔斯拒绝承认这个女儿，后来他结婚了，他的大女儿索菲娅（Софья）成了列夫·托尔斯泰①的妻子。这两位作家经常以这种独特的亲属关系取笑。

有传闻说，伊万·谢尔盖耶维奇·屠格涅夫还有一位同父异母的兄弟——养在法国的路易·波梅（ЛуиПоме）。不知这是真是假，不过伊万·谢尔盖耶维奇与波梅的确见过面、通过信，而且还成了好朋友。

1827年，屠格涅夫一家迁居莫斯科，在萨莫捷卡（莫斯科的一个区，附近有一个萨摩捷奇内池塘，流经该池塘的涅格利纳亚河在上游叫作萨莫捷卡，该区因此得名萨莫捷卡）租下一处市内庄园。

不过，父母并没有在莫斯科待很久，他们把孩子们送进寄宿学校后，就去国外温泉疗养了，去治疗谢尔盖·尼古拉耶维奇的肾结石病。儿子们必须以“日志”的形式给父母写信，详细汇报他们每天的情况。寄宿学校毕业后，屠格涅夫考入了莫斯科大学的语文系，后转入圣彼得堡大学，在那里他结交了后来的伟大历史学家季莫费·尼古拉耶维奇·格拉诺夫斯基（Тимофей Николаевич Грановский）②。屠格涅夫曾匆匆地见过普希金（Пушкин）两次——一次是在普列特尼奥夫③教授家中，另一次是诗人不幸因决

---

①列夫·尼古拉维奇·托尔斯泰（Лев Николаевич Толстой，1828—1910），19世纪现实主义的杰出代表，俄国最伟大的作家，与屠格涅夫的一生的关系历经了朋友—冤家—挚友的变化。——译者注

②季·尼·格拉诺夫斯基（1813—1855），俄国著名学者、社会活动家、莫斯科大学教授。——译者注

③彼得·亚历山德罗维奇·普列特尼奥夫（Пётр Александрович Плетнёв，一译普列特涅夫，1792—1865），俄国诗人、评论家、彼得堡科学院院士。——译者注

瓦尔瓦拉·彼得罗夫娜·屠格涅娃(卢托维诺娃)——作家的母亲。无名画家。19世纪10年代。

对我的童年我无话可说。没有任何美好的回忆。我就像怕火一样怕我的母亲。任何一件小事都可以使我受到惩罚——一句话，我像新兵一样被严格管教。很少有不挨打的日子。当我鼓起勇气问为什么惩罚我时，母亲总会斩钉截铁地说:“这你比我清楚，你自己去想吧!”

——选自伊万·谢尔盖耶维奇·屠格涅夫的回忆录

斗去世前在恩格尔哈特（Энгельгарт）的早场音乐会上。

疗养院的治疗未能挽救谢尔盖·尼古拉耶维奇，1834年他去世了。1837年秋天，伊万·谢尔盖耶维奇去柏林修完学业。在那里，他周围一部分是俄罗斯学生，一部分是德国学生，他们都是“快乐、诚实、头脑清醒的人”，对大自然的奇迹与人类智慧的财富赞叹不已。“每个人眼中都充满欣喜、双颊通红、热血沸腾，我们谈论上帝、真理、人类的未来和诗歌。”——屠格涅夫后来在《罗亭》（*Рудин*）中回忆到。

瓦尔瓦拉饱受离别之苦，她恳求儿子：“你那昂贵的礼物对我来讲算什么？珍贵的是关心。花籽在第一家种子店——你的每一片小叶子和每一颗小种子都被照顾得好好的，但是！——这也成了你的负担，我有两封信没收到说好的小礼物了。柏林制造的东西是多么重要，绣花底布上的小花纹、细丝带、小戒指——我愿意一千次亲吻这些东西。可是！在这方面，你不像父亲，不像母亲，也不像哥哥。你父亲为了多寄回或带回一条小丝带和小帽子，宁肯节衣缩食。”

接着，她又责备儿子：“你是所有自私者中最自私的。你看重别人对你的关爱，可是，你想不到这会让母亲多么高兴！你将来会成为丈夫、父亲。哦！不！我跟你说，你不会得到你妻子的爱。你不会爱，就是说，你将热烈去爱的不是你的妻子，即女人，而是你自己的快乐。”

然后，她威胁儿子：“别让我难过，不要和柏林的女戏子打交道。记住，你父亲田产的收入不够你上缴国库的。而我，给你句实话，只要你一欠债，我就登报声明，说你们的田产不属于你父亲，我也不替你们还债。当然，这让你不好看。但是！至少人们不会来找我替你还债。”

然后，她又开始换个方式吓唬儿子：“我已经三周没收到你的信了，mon cher Jean（我亲爱的简）。谢天谢地，没收到信是因为你没写！现在我安心了。重申一下我不可违抗的严命。你也可以不给我写信。你也可以只是错过邮班，但是！你必须告诉波尔菲里（Порфирий）：‘我这个邮班不给妈妈写信了。’那样，波尔菲里就会拿起笔和纸给我写信。简洁明了：‘伊万·谢尔盖耶维奇安好。’别的我不需要，只要这个就够了，我会在三个邮班期间都放心了。这已经非常宽容大度了。但是！如果你们两个都错过了那个邮班，我一定会鞭打尼古拉什卡（Николашка），我可怜这个孩子，他可是个非常好、非常可爱的小男孩。没办法，可怜的孩子得遭罪。你小心，不要逼我去干这种不公平的事……”屠格涅夫太了解她了，不能不把她的威胁当真。

1839年，她紧急召伊万回国，因为斯帕斯科耶发生了火灾，房屋大部分烧毁了，只剩下一个厢房。与儿子见面后，瓦尔瓦拉给了儿子去意大利的钱，再次把他送到国外。

意大利文艺复兴时期的艺术震撼了屠格涅夫，他在给格拉诺夫斯基的信中写道：“我就像一个得到了一大笔遗产的穷光蛋……整整一个世界，我不了解的世界，艺术的世界。一下子闯到我的心里……悄悄跟您说一句：在游历意大利之前，大理石雕像对于我而言，就是大理石，我从未能够渗透艺术的奥妙。”庞贝城的考古挖掘给屠格涅夫留下了同样深刻的印象。他还去了那波利、热那亚、撒丁。

回到柏林后，屠格涅夫结识了米哈伊尔·亚历山德罗维奇·巴枯宁[①]——一位年轻的无政府主义哲学家、未来的革命者、1848年布拉格人民起义的参加者。未来巴枯宁会在彼得保罗要塞的阿列克塞三角堡服刑三年（1852—1854），之后被转押到施吕瑟尔堡要塞（1854—1857），后来被流放到西伯利亚。从西伯利亚逃跑后，他去往伦敦，将会与赫尔岑（Герцен）在《钟声》（*Колокола*）杂志共事，批判卡尔·马克思（КарлМаркс），同时又把《共产党宣言》（*Манифест коммунистической партии*）翻译成俄语，并建立了自己的组织“国际民主社会主义联盟”。1876年，巴枯宁在瑞士伯尔尼的一家贫困工人医院去世。当然，所有这一切都是后话。而此时，当他们二人一起回到俄罗斯后，巴枯宁邀请屠格涅夫前往他的普列穆新诺庄园做客。巴枯宁写信告诉姐妹们：“请你们把他作为朋友和兄弟来接待，因为在这段时间里，他对我们来说，既是朋友，又是兄弟，而且我深信，他将永远是我们的朋友和兄弟……他会向你们讲述许多许多关于我们的情况，有好的，有坏的，有悲伤的，有可笑的。况且，他是个叙事高手。不像我似的，所以你们和他在一起会感到快乐和亲切。我相信，你们会喜欢上他的。”

1841年，屠格涅夫回到斯帕斯科耶-卢托维诺沃庄园，这时瓦尔瓦拉已经重建了庄园。重建后的房子可能没有以前那样宏大阔气，但仍然是舒适宽敞的，正等待着年轻主人的归来。屠格涅夫住进了厢房并很快与家里人称“比比”（Биби）的小瓦尔瓦拉亲近

①米·亚·巴枯宁（Михаил Александрович Бакунин，1814—1876），俄国著名的无政府主义者，屠格涅夫的好友。——译者注

起来。他们一起进行了“贪婪的掠夺”，不过这次洗劫的不是藏书室，而是装有各式各样甜品的食品柜，食品柜由一个极其吝啬的家仆专门掌管。

瓦莲卡（Варенька）[①]回忆道：“我们总是说声‘走，抢劫去！’就向食品柜进发。伊万·谢尔盖耶维奇有时甚至还装出一副凶巴巴的样子，迈着不同寻常的大步向前走，而我抓着他的手，一路小跑地勉强跟在后面。我们就经常这个样子出现在斯帕斯科耶的阿巴贡（Гарпагон）[②]面前。

‘把柜门打开！’——伊万·谢尔盖耶维奇说。

因为他是大人，是地道的主人，柜门总是会为他敞开，他对柜子里的东西也拥有至高无上的处置权。”

但是，吸引伊万·谢尔盖耶维奇的不仅仅是食品柜里的甜品。他还爱上了家里雇来的裁缝阿夫多季娅·叶尔莫拉耶夫娜·伊万诺娃（Авдотья Ермолаевна Иванова），她也无法抗拒他。瓦尔瓦拉·彼得罗夫娜得知这件事后，开始责备儿子，而她儿子愤怒地回答说准备马上和阿夫多季娅结婚。瓦尔瓦拉·彼得罗夫娜吓坏了，威胁他说要像小时候那样打他。伊万赶紧跑掉了，母亲追在后面喊道：“站住，你这个坏蛋！站住！我要诅咒你！我不会祝福你，我还要取消你的财产！”

伊万陷入了窘境，不知道该去哪儿。这时，他想起了普列穆

---

①瓦尔瓦拉·彼得罗夫娜与家庭医生的私生女瓦尔瓦拉·彼得罗夫娜·波格丹诺维奇-卢托维诺娃的爱称。——译者注

②法国戏剧家莫里哀（1622—1673）的喜剧《吝啬鬼》中的主人公，与莎士比亚《威尼斯商人》中的夏洛克、巴尔扎克《欧也妮·葛朗台》中的葛朗台老头、果戈理《死魂灵》中的泼留希金并称欧洲文学中的四大吝啬鬼。——译者注

新诺之邀。使他与普列穆新诺庄园的小姐们亲近的不仅是对米舍尔(Мишел)(家里人对巴枯宁的称呼)的快乐回忆，还有他们共同的伤痛。此前不久，屠格涅夫的年轻朋友尼古拉·弗拉基米罗维奇·斯坦凯维奇[①]突然于意大利英年早逝。他们一起出的国，去过罗马，一天夜里，伊万·谢尔盖耶维奇漫步在阿庇耶维小路上，为了吓唬朋友，他突然大喊一声："伟大的恺撒!"——响起了不祥的可怕的回声。第二天早上，朋友们嘲笑了一番前夜的恐怖事件后，就分开了。屠格涅夫去了罗马，斯坦凯维奇去了科莫湖，在那里，他因为肺结核死在了巴枯宁的姐姐瓦尔瓦拉的怀里。格拉诺夫斯基写过下面这段文字纪念他："他是我们的恩人，我们的老师，是我们所有人的兄弟，我们每个人都应感激他。他对我来讲，胜过兄弟。十个兄弟也换不来一个斯坦凯维奇……不知该怎样跟您说，失去他我究竟失去了什么。我失去了一半的自己，——最优秀、最高尚的那一半，——他已经进了棺材。"

没多久，斯坦凯维奇的未婚妻、巴枯宁的妹妹柳芭(Люба)也是因为肺结核，还有过度伤心，于普列穆新诺离世。瓦尔瓦拉和三姐塔季扬娜(Татьяна)痛哭哀悼她，屠格涅夫心中的伤痛尚未痊愈，而此时正值百花盛开的俄罗斯之夏。丰饶的夏日慢慢地治疗伤痛，使生活恢复正常。

夏季的夜晚，我忧郁不安，

---

①斯坦凯维奇(Николай Владимирович Станкевич，1813—1840)，俄国著名的文化活动家、作家、诗人、评论家，1831—1837年曾在莫斯科组成了斯坦凯维奇小组，成员有别林斯基、阿克萨科夫、巴枯宁、鲍特金等人，主要探讨哲学、伦理学和美学问题。——译者注

尼古拉·弗拉基米罗维奇·斯坦凯维奇(1813—1840),俄罗斯作家、诗人、评论家,屠格涅夫的朋友。

用细心的手掌分开你可爱的脸上
浓密的卷发
而你，我的朋友，带着令人心醉的微笑
站在窗前，望着宽敞的花园，
那里静寂又黑暗……

一缕清新的暗影宛如静静的溪流
飞进敞开的窗户，在我们头上暗淡，
夜莺的歌声
在浓郁芬芳的黑暗中哀怨婉转
风儿在银色的小河上低吟浅唱……
田野进入了梦乡。

你用胸膛和双臂迎接夜晚的寒意
你久久地聆听嚎哭的声音
忧伤的目光望向神秘的星空
你对我说：
“噢，我亲爱的朋友，我们永远也不能在一起
我们不能成为幸福的人！”

我想回答你，可我的声音怪异得越来越低
直至不能言语……痛苦无言的静寂
降临到我们身边……
你的大眼睛里泪花闪烁，

而冷冷的月光悲伤地亲吻着
你美丽的头颅。

伊万与塔季扬娜①彼此相爱。这是理智的结合，是心灵的结合，这时屠格涅夫才迎来了真正的初恋，而这正是他遭遇多重变故、万念俱灰之时。塔季扬娜是第一个认为他将来会成为伟大作家的人，尽管当时屠格涅夫还没写出什么像样的东西，但她看到了他的才华、他的潜能。屠格涅夫的几乎所有诗歌，浪漫主义诗歌和看上去无助却美好、真诚的诗歌，都是献给这位姑娘和这个夏天的。他心中永远保留着对塔季扬娜的记忆，所有“屠格涅夫笔下的姑娘”、他所有的优秀女主人公身上都有塔季扬娜的特点。而他笔下的所有男主人公都配不上自己的女友。

他将这段爱情称作“苦涩的普列穆新诺罗曼史”“没有春天的罗曼史”。的确，1841年夏天的时候，他们还在普列穆新诺的田野里散步，享受短暂而令人不安的幸福。

把你的手给我——让我们到田野里去，
我沉思的心灵的朋友……
今天我们的生命属于我们自己——
你可珍惜自己的生命？
如果不，让我们抛掉今天，
让我们玩笑着把今天抹去，

① 塔季扬娜·亚历山德罗夫娜·巴枯宁娜（Татья́на Алекса́ндровна Баку́нина，1815—1871），俄国著名无政府主义者巴枯宁（1814—1876）的妹妹。——译者注

让我们忘记曾经的痛苦和如今的欢喜
在明天到来前……
让今天飞越纷纷扰扰的生活
永远不再回还
就像童真、静美的爱情
从不信教的人们头上掠过……
河面上缭绕着明亮的水汽
漫天的霞光在闪耀。
啊，我多么想与你重逢，
就像我和你第一次相遇。
“但是为什么，难道不是
老调重弹?”你这样回答我。
请忘掉一切痛苦和不幸，
请忘掉我们曾经的分离。
请相信：我极为惶恐，深受感动，
我在心里向往着你。
如此地渴望，湖上波浪也从未如此
期求流水的涌入……
你看，星光闪烁的天空是多么美丽，
尽情地看吧，你再看看四周
没有什么是无来由颤动的
美好的宁静与爱情……
心中的一个珍宝
我承认，尽管我配不上她。

我的心里没有羞愧、没有恐慌、没有骄傲，
甚至也没有忧伤……
哦，走吧——无论我们默默不语，
还是倾心交谈，
不管激情像波浪一样喧嚣；
还是像月下的云朵一样沉静，——
我都知道，我们将会共同度过
一个个伟大、永恒的瞬间。
也许，这一天是救赎的日子，
也许，这一天我们会明白彼此。

到了1842年3月，塔季扬娜醒悟了。她不是阿夫多季娅·叶尔莫拉耶夫娜，不结婚而同居是不可能的，而瓦尔瓦拉·彼得罗夫娜此时还是兄弟俩的抚养人，她是不会接受她这样的儿媳的。

“屠格涅夫，昨天我什么都没能跟您说，什么都没说。但是，您怎能知道我心里的想法，不，我情愿没有经历过这些日子，要是不能给我留下模糊的希望，让我觉得能够再一次，天啊，哪怕再有一次还能见到您该多好……”——1842年3月，塔季扬娜写到。

哦，去吧，您想告诉谁就告诉谁吧，说我爱您，说我这样自轻自贱，主动向您献上我那无人问津的、不被需要的爱情。让人们指责我吧。请相信，我愿意毫不犹豫地献出所有……倘若我能用生活中一切美好、神圣、伟大的事物将您包围，倘若我能够请求上帝给您全部的喜悦——全部的幸福，那么，我觉得，我会忘记为自己要求什么。但是，我相信，您总会幸福的，像我希望的那样，那时候，屠格涅夫，请记住，我会为您感到高兴。哦，我将会多么高兴啊，就像母亲为儿子高兴。因为我感觉到我心里有一种深刻的，无边无际、极度盲目的母爱的柔情，和母爱的自我牺牲精神。屠格涅夫，如果您知道我有多么爱您，您就不会有一丝使我感到耻辱的怀疑之情，您就会相信，我不会关心自己。尽管我也经常沉浸在自己无限的哀愁之中，尽管我想、尽管我下定决心去死。但是，如果我不想，那么我的意志能改变什么？我的结局早已注定，我只能高兴地服从，怨言就算是抗争。但是，抗争只能使这种结局更加不可改变。我已经抗争累了，只能默默等待上帝对我的安排，该来的就让它来吧!

您还不能够付出，您就像个孩子，内心里有许多善的和恶的萌芽，但二者都还没有长大，因此我只能期望或是害怕！可我不要害怕，我只要相信。不！您不会毁掉上天赐予您的任何才能。您身上的一切精神财富，属于美好生命的精神财富都将发达起来，您将成为一个真正的人——什么时候呢？这很难确定……

有时，我整个人是抵触您的。于是我想要中断这在我看来使我受到侮辱的关系。我要仇恨自己被迫屈服的权力。但是，内心里对您的深深向往使我平静下来，我不能不相信您……从我爱上您的那一刻起至今，没有自尊、没有自爱、没有恐惧。我听从命运的安排。

如果您问我为什么不敢回答您，那是因为我自己也不知道。没有您的任何消息，我感到痛苦不安。也许您生病了，也许您正在承受着痛苦，我们什么也不知道，我也帮不上您的忙。上帝啊，您为何要离开！难道我是这意外疏远的原因？可那又是为什么？是什么导致了这个结果？如果说我的内心不再有激情，那么仍然有依恋、有柔情，如果您什么时候需要它们，屠格涅夫，请记得，这世上有一颗心只等待您的召唤，它愿意为您献出所有的力气、所有的爱、所有的忠诚……我可以坦然地给您最纯洁的姐妹的爱恋。它将不会像我莽撞地在我们之间引起的那种关系那样让您焦虑，它不会剥夺您的自由，也永远不会让您苦恼。

屠格涅夫在奥斯托任卡给塔季扬娜写了回信，当时他与母亲住在一起。

塔季扬娜·亚历山德罗夫娜，在未向您诉说我的心里话之前我不可能离开莫斯科。我们就那样分开了，就像陌生人一样，我（下面划掉了）不知道，您是否理解使我拿起笔的缘由……您也许会以为，我是出于礼节才给您写信……一切，所有的这一切以及更糟糕的，都是我应该承受的……

但我不想那样与您分开，哪怕只是暂时的。请把您的手给我，而且如果可能的话，请忘记一切痛苦、忘记半途而废的往昔。我心头充满了深深的忧伤，我讨厌，也害怕回顾过去。我想要忘记一切，包括您的目光，它现在如此生动清晰地出现在我眼前……我觉得，在您的目光中我能找到宽恕与和解……我的上帝！我是如此地难过，而且奇怪的是我那么想哭，那么想用双唇亲吻您的手，并告诉您一切。此时我内心里不安地涌动着的一切……

我有时也想要跟您彻底分开。但我只要一想象您不在了，您去世了……我就不知道有多难过。而难过不仅仅是因为您的死，还因为您没有了解我、没有听见我的一句真心话就死去了，这样的话语会使我走上正道，会让我有机会去理解与我的全身心紧密相连的那种，奇怪而深刻的关系——我和您之间的关系。请不要既怀疑、又悲哀地微笑……我觉得我说的是真话，我没有理由撒谎。

我还觉得，我不会与您永远分开……我还会再见到您……我善良、美丽的姐妹。我们从前活得就像老人，或者也许像孩子。生活从我们手中溜走，我们看着它的背影，就像孩子看生活一样，不觉得有什么可惜的，后面的日子还长着呢。或像老人一样，已经不留恋生命了……就像《魔鬼罗伯特》（*Роберт–Дьявол*）第二幕中的幽灵们，虽然在微笑着跳舞，可心里知道，只要他们一点头，年轻的身体就会像破旧的裙子一样，从他们的骨骼上滑落……您姑母家又窄又冷，还那么昏暗……而您，真可怜，总是和他们在一起……

我就站在您面前，紧紧地、紧紧地握您的手……我想给您希望、力量、快乐……请听好，我向上帝发誓，我说的是真话，我说的是我心里想的和我知道的。我从未像爱您这样强烈地爱过一个女子，尽管我对您也不是全心全意、深挚地爱着的……我之所以和您在一起不像和别人在一起那样快

塔季扬娜·巴枯宁娜（伊万·屠格涅夫曾为其写过几首诗）。画像作者：叶夫多基娅·巴枯宁娜。1850年代。

乐，健谈，是因为我爱您胜过其他人。我总是这样相信，只有您，只有您一个人能理解我，为了您一个人，我愿意成为诗人，只为您（我的心以一种无法形容的奇异方式与您联系在一起），因此我几乎不需看到您，感觉不到需要和您交谈。因此，我说不出自己心里的渴望。尽管如此，在创作和独自一人感受深深的幸福快乐时，您从未离开我。我认为，我笔下流露的一切都是献给您的，献给您——我美丽的姐姐……哦，我哪怕能有一次机会与您一起在春日的清晨漫步在长长的椴树林荫路上也好啊。牵着您的手，感受着我们心灵的交融，所有与我们无关的一切、所有的痛苦都消失，所有的阴险都远离——永永远远。是的，您拥有我内心全部的爱，倘若我能在您面前说出心里话，我们现在就不会这么困难……而我也会知道，我有多爱您。

您看，在我所有最美好瞬间总是有您。这是《唐·璜》（*Дон-Жуан*）中谢拉菲娜（Серафина）唱的歌（我会找机会给您讲……您自己就会明白）。我知道，您不会觉得谢拉菲娜就是您，而她对之诉说的人就是我。这太愚蠢和可笑了，但是我对您的态度……

自己内心最深处的话语屠格涅夫没敢用俄语，而是用德语表达的：

您的形象、您的气质在我心中一直是充满生气的，它们在不断地变化着，而且会不断地生出新的模样，就像希腊神话中那个变化多端的海神帕洛托斯一样：您就是我的女神；我会想象着您变成了——比如说——六翼天使的样子，也可能是伊内兹（Inez），或者是多娜·安娜（Donna Anna）的样子——我想说的也许是，所有我可以想到和创造出来的形象都与您有着美妙的关联。

幸福地生活吧，我的姐妹；请为我的旅途祈福，并且请相信我，尽管到目前为止我表现得就像一块沉默无语的岩石，但是在硬石般的内心深处所包裹的却是涌动着真正的爱恋和激情。

幸福地生活吧；我被您深深的打动和震撼；健康幸福地生活吧，我最好的、唯一的恋人。再见了！——屠格涅夫。

也许，这些文字使您想起了《叶甫盖尼·奥涅金》(Евгений Онегин)中的矛盾冲突。塔季扬娜无疑是配得上这个名字的。但是，屠格涅夫根本不是奥涅金(Онегин)，不是精神生活由无聊与刻薄讽刺构成的多余人。塔季扬娜有一点是对的：屠格涅夫还没彻底长大，他没有成长为作家，还没成为真正独立的人，他还惧怕爱和创造，无法袒露自己的内心。这条路对他来讲还在前头。

第二章 女歌唱家

一阵奇怪的声音把小女孩吵醒了。这声音特别高亢，像是在第二个八度上，拖得很长，但饱满、丰富。睡梦之中，她觉得这声音像风中摇曳的哑光珠帘，不很清脆，却有些低沉。小女孩还以为她熟悉所有的声音，但这种声音以前从未听过。

她睁开眼睛，天已经大亮了。小女孩轻快地溜下床，先是踩着颜色艳丽的厚地毯、再经过一段黏土地面，跑到窗边。地毯的丝线令人愉快地搔着她的小脚丫，而地面经过一夜还没有冷却。开始，小女孩什么也没有看到，但后来她抬起头，发现茂密的树枝上、浓绿的树叶间有一只小鸟。

这是一只母鸽，小母鸽，但是有些不同寻常！它轻盈敏捷、轻巧秀美。羽毛是淡淡的雪青色，光泽柔和，好像扑了一点粉、染上了眼睛的淡蓝色。鸟儿翅膀的颜色深一些，几乎是黑的，边缘有着白色的条纹，好像天鹅绒外衣里面露出的衬衣袖子。

小女孩立刻断定，奇怪声音的主人就是这只鸽子，它唱歌是为了呼唤自己的爱人。母亲演唱的乐章中大部分都是这样的内容。于是，小女孩在鸟儿的歌声中听出了难耐的忧愁，“来吧！啊，来吧！你是那么的遥远，我是这样的忧愁！哦，到我身边来吧！”

另外一种声音惊动了歌手。窗外，一个身穿未染色的毛线斗篷、头戴毡帽的牧羊人吹起了鼻音似的牧笛，回应牧羊人的是绵羊咩咩的叫声。母鸽低头鄙夷地看了牧羊人一眼——他怎敢用刺耳的噪声侮辱她的耳朵？鸟儿从树枝上振翅而起，“嗖”的一声飞上蓝天。

波林娜·加西亚-维亚尔多[①]，1821年7月18日出生于巴黎。她的父亲马努埃尔·德·波波拉-维森特-拉得里格斯·加西亚（Мануэль дель Пополо-Висента-Родригес Гарисиа）出生于塞维利亚的茨冈街，曾是一名歌剧男高音，崇拜者称之为“男高音之父”。他也自己作曲，并成功地把自己的歌剧搬上了舞台。波林娜的母亲哈奥金娜·西切斯（Хоакина Сичес），父姓布里奥涅斯（Брионес），是一名演员，被媒体称为“马德里舞台的骄傲”，也为其丈夫写作歌剧剧本。夫妻二人创作的一些成功的曲目已经“离开舞台，深入民间”。巴黎街头曾经人人传唱《我是个走私贩》（*Я — контра-бандист*）[改编自加西亚的喜剧歌剧《精打细算的诗人》（*Расчетливый поэт*）]、《力基力基》（*Рикирики*）。波林娜的姐姐玛丽亚·费利齐阿塔（Мария Феличиата）已经在学习音乐，而教声乐的哥哥马努埃尔（Мануэль）已经成家了，妻子是歌唱家叶夫根尼娅·迈尔（Евгении Майер）。

作曲家费迪那南德·佩尔（Фердинананд Пэр）是波林娜的教父，她的教母是加西亚家族的俄裔庇护者普拉斯科维娅·安德烈

① 波林娜·维亚尔多（Полина Гарсиа-Виардо，1821—1910），原名米舍里·费尔南德·波丽娜·加尔西亚，是个西班牙人，1841年嫁给法国文学家兼翻译家路易·维亚尔多，后成为法国著名女中音歌唱家，屠格涅夫的红颜知己。屠格涅夫对她一往情深，而且深情至痴，追随她旅居国外，为了她终身未娶。——译者注

耶夫娜・戈利岑娜（Прасковья Андреевна Голицина），结婚前姓舒瓦洛娃（Шувалова），米哈伊尔・安德列耶维奇・戈利岑（Михаил Андреевич Голицын）公爵之妻，俄罗斯宫廷女官，作家、诗人和翻译家。她曾与普希金交好，将普希金《叶甫盖尼・奥涅金》中的几章翻译成法语，据维亚泽姆斯基[①]回忆："她饶有兴味地与普希金谈论奥涅金，恳求他别把塔季扬娜许配给别人，一定要把他嫁给奥涅金，像个好心的亲戚一样温柔、热情地关心（书里面的）这些家事。"为了纪念她，波林娜取了这个非西班牙的名字。

因此，说得好听一点，可以说波林娜一离开摇篮就被送上了艺术的圣坛。毋庸置疑，她未来的人生是属于舞台的，她将成为加西亚家族的另一位歌唱家。她的家庭教育规划与个人的爱好、追求恰巧吻合，这种情况是很少见的。波林娜没有想过音乐之外的自己。"我不记得自己有不知道音乐的时候。"长大以后，她这样说过。3岁时，小波林娜就已经学会识谱了。

对于自己的家，波林娜几乎没有任何印象。她童年时期的大部分时间都是在巡演中度过的。1825年，波林娜就已经前往英国，参加意大利的歌剧演出季。在英国，玛丽亚在"冉冉升起的新星"、作曲家罗西尼[②]的名剧《塞维利亚的理发师》（*Севильский цирюльник*）中上演处女秀。她扮演剧中女主角，罗济娜。

在伦敦度过了春天与夏天之后，加西亚一家没有返回巴黎，而是继续前行，去征服美国。那时，乘船横渡大西洋需要将近五个星

① 彼得・安德烈耶维奇・维亚泽姆斯基（Петр Андреевич Вяземский，1792—1878），俄国诗人。——译者注

② 全名为焦阿基诺・安东尼奥・罗西尼（1792—1868），意大利著名作曲家，主要作品有《塞维利亚的理发师》《灰姑娘》《奥赛罗》等。——译者注

波林娜·米舍尔·费迪南德·加西亚-维亚尔多(Полина Мишель Фердинанд Гарсиа-Виардо)。作者:季莫费·内夫(Тимофей Нефф)。1842年。

期的时间，不仅路途遥远，而且十分危险。然而，加西亚一家很走运，唯一让乘客们感到害怕的是马努埃尔狂怒的吼叫和责骂声，排练时他常常这样大喊大叫。人们试图委婉地劝阻他，船长也严厉地警告过他，马努埃尔也承认一个男人不应该这样控制不住自己。但是，一旦接触到音乐，他的西班牙式热情总是难以克制。

4岁的波林娜活泼好动，在整条船上跑来跑去，嘴里说着四种语言。当她已经是一名成熟的歌唱家、在俄罗斯演出的时候，当地的报纸报道说："6岁多的时候，波林娜·加西亚-维亚尔多已经能够同样流利地说法语、西班牙语、意大利语和英语了，后来她还学了德语，说得和德国人一样好。"波林娜已经开始学习音乐的基础知识，而且父母不得不说，同姐姐相比，波林娜非常刻苦、用功，因此，他们给她起了个绰号叫"小蚂蚁"。

11月初，加西亚一家到达了纽约。月底开始了演出季，仍然是以《塞维利亚的理发师》开场。那时，纽约城里还没有合唱团、没有乐队，也没有必需的歌剧总谱，因此演出成了奇迹，维亚尔多也表现出了管理方面的天才。必须去争取、去商谈、进行即兴表演。波林娜已经被允许上台饰演小孩子的角色。剧团大获成功，因此加西亚一家毫不犹豫地在纽约留了下来，一直到第二年春天。

3月，玛丽亚·费利奇阿塔嫁给了已过中年的法国商人马利布兰。马努埃尔打错了算盘。他本想让女儿衣食无忧，结果自己还得再多养活一个人。马利布兰的收入都是假的，他已经负债累累。当时票房收入下滑，加西亚一家不得不继续进行巡演。玛丽亚留在纽约，进行单人表演来偿还欠款。后来她组建了一个新的纽约歌剧团，并在1827年时还清所有债务，回到了巴黎。

当时，加西亚一家在战火纷飞的墨西哥浪游，不时在一些地方进行演出。1828年，他们决定回欧洲去，于是离开墨西哥前往港口城市韦拉克鲁斯。他们乘坐轿式马车，由一队士兵护送。可这些士兵却出人意料地加入了专门抢劫旅行者的强盗团伙。原来他们早就串通好了。他们让男人们脸朝下趴在地上，把包括哈奥金娜和波林娜在内的女人们都赶到了路边的灌木丛中。女孩们吓得牙齿直打战。幸运的是没有伤亡，强盗们只是对他们这些旅行者进行了抢劫，加西亚一家这三年来赚的钱被洗劫一空。强盗们消失后，马努埃尔哈哈大笑起来，幸运女神福尔图娜开的这玩笑使他感到好笑。他的笑声极具感染力，大家也都跟着大笑起来。

费了九牛二虎之力凑够买票的钱后，加西亚一家坐船去了法国。

1829年，开始失声的马努埃尔开办了声乐培训班。他为声乐课的学生们写室内歌剧，并把它们搬上家庭舞台，其中总是有小波林娜的独唱部分。

同年，波林娜开始学习和声和作曲理论。后来，匈牙利钢琴家、作曲家弗朗茨·李斯特[①]开始亲自给波林娜上课，按照波林娜的说法，他“英俊、热情又迷人”。

在李斯特的影响下，波林娜志愿成为一名钢琴家，但是少年成长期间所形成的嗓音向所有人表明，她能成为一名杰出的歌唱家。母亲教波林娜声乐课，波林娜很快就掌握了“家族方法”——加西亚家族独有的特殊演唱风格。

---

① 弗朗茨·李斯特（Ференц Лист, 1811—1816），匈牙利著名钢琴家、作曲家。——译者注

同样回到巴黎的玛丽亚·马利布兰结识了比利时小提琴家夏尔·贝里奥[①]。1835年，玛丽亚与马利布兰离了婚，嫁给了夏尔。但是，在此之前的1832年，马努埃尔去世了，玛丽亚带着全家去了布鲁塞尔——她曾经的家。

当加西亚一家刚要走出失去一家之主的悲痛时，又发生了一件非常不幸的事。

1836年9月23日，在曼彻斯特巡演中，玛丽亚从马背上摔下来，不幸身亡。悲痛的夏尔承担起了保护波林娜的责任，邀请她参加自己的音乐会，后又带着她到德国去巡回演出。值得一提的是，在德国波林娜结识了著名的杰出女钢琴家、作曲家克拉拉·维克[②]。当时，波林娜自己也给夏尔的小提琴演奏曲编写伴奏曲，但她还没有胆量进行更重大的创作。

1838年末，波林娜与母亲一起回到了巴黎，来到了小马努埃尔家。最初的音乐会波林娜仍然是与夏尔共同演出，她得到了法国评论家、诗人阿尔弗雷德·德·缪塞[③]的好评。缪塞是著名作家《一个世纪儿的忏悔》(*Исповеди сына века*)的作者，同时也是狂热的戏剧爱好者、戏剧批评家。作为天才马利布兰的爱慕者，他为玛丽亚的逝世创作过悲伤的哀歌，现在他欢迎她的妹妹并写文章赞道："她唱歌，就像呼吸一样……她听见的不是自己的声音，而是心灵……"

---

①夏尔·贝里奥(1802—1870)，比利时小提琴家、作曲家。——译者注

②克拉拉·维克(Клара Вик，1819—1896)，德国女钢琴家、作曲家。——译者注

③缪塞(Альфред де Мюссе，1810—1857)，法国19世纪浪漫主义小说家、诗人、剧作家。——译者注

德国诗人亨里希·海涅[1]，曾观看过波林娜的一场音乐会，对此他作了如下的描绘：

> 她更多地使我们想起丛林可怕的壮美，而不是我们欧洲世界里文明化的美丽和被驯化的优美。她充满激情地进行表演的时候，特别是当她张开长有一口炫白牙齿的大嘴，带着残酷又甜美的微笑，唱出迷人的歌声时，无人不感到惊奇，就好像舞台上突然出现了鹿、豹子，甚至是一群小象。

波林娜在戏剧舞台上的处女秀，于1839年5月9日在伦敦的“皇后剧院”进行。她在罗西尼的歌剧《奥赛罗》（*Отелло*）中唱女主角苔丝狄梦娜（Дездемона）。奥赛罗一角由著名的意大利男高音歌唱家乔万尼·巴基斯塔·鲁比尼（Джованни Баттиста Рубини）出演，他后来在波林娜的事业发展中起了很大作用。

俄罗斯报纸《北方蜜蜂》（*Северная пчела*）曾报道称：

> 初登舞台的小女孩得到热烈的掌声并两次被要求加演。刚开始，她好像有些紧张，唱高音时声音颤抖，但很快，人们就看到了她不同寻常的音乐天赋，这种天赋使她不愧为从16世纪开始，就闻名于音乐史的加西亚家族的一员。的确，她的声音还未能响彻整个宽广的演出厅，但必须清楚演唱者还很年轻，她才只有17岁。在戏剧表演方面，她表现得像姐

---

①海涅（Генрих Гейне，1797—1856），德国19世纪诗人、散文家。——译者注

姐马利布兰一样出色。她表现出了只有真正的天才才具有的力量!

屠格涅夫也许看到过这篇评论，但他不会料到这位天才的女歌唱家，注定要在他的人生中扮演什么样的角色。

说一口流利英语的波林娜十分受英国人的喜爱。维多利亚女王在白金汉宫听过她的演唱，之后各种邀请就雪片般向这位女歌唱家飞来。最重要的一份邀请来自一位法国人，巴黎“意大利歌剧院”的一位经理曾出席波林娜的处女秀，他就是学法律出身却志愿做记者的路易·维亚尔多[①]。他不可能看不出波林娜身上的天分与潜能，于是，1839年秋天，他聘请波林娜到自己的剧团工作。

1839年10月7日，波林娜在“音乐厅”剧院再次演唱了苔丝狄梦娜，“意大利歌剧院”同时也在那里进行演出。

法国的又一位著名作家、认真的戏剧爱好者泰奥菲尔·戈蒂耶[②]曾在自己的评论中称波林娜为“最耀眼的星星，一颗七束光之星”，“拥有一种最了不起的、只能听得出来的乐器(他指的是波林娜的嗓子)”。

波林娜还拥有天赋的高超技艺，如果说当初作曲家贝利尼[③]不得不反复向鲁比尼解释，在舞台上不仅必须要唱，而且还必须要演，演唱中不仅要有技巧，还要有感情，那么这些对于波林娜来讲恰恰是自然而然的。

---

①路易·维亚尔多(Луи Виардо, 1800—1883)，波林娜的丈夫，法国政治评论家，——译者注

②泰奥菲尔·戈蒂耶(1811—1872)，法国唯美主义诗人、散文家、小说家。——译者注

③全名文森佐·贝利尼(Беллини, 1801—1835)，意大利作曲家。——译者注

戈蒂耶曾写道，在扮演同是罗西尼的歌剧中的灰姑娘一角时（该剧在三周后上演），波林娜摒弃了别的女歌唱家演出时常常使用的“戏剧化的姿势和发电报一样的手势”。“没有谁能比加西亚小姐更活泼、更俏皮、更柔顺，更像个小女孩、更像只小猫。”——戈蒂耶写到。“当她与姐姐们和粗暴的父亲在一起时，她有时摆出一种迷人的温顺的样子，同时带点隐隐的嘲笑。当她渐渐变成一位公主时，童年的欢乐、善意的微笑、在幸福中沉醉的感觉，早已远去。”

1839年11月9日，波林娜首次在罗西尼的《塞维利亚的理发师》中扮演罗济娜。在这场演出中，波林娜在声乐课的场景中取消了插入的唱段，加入了几首非常新颖的抒情曲（这些曲子都是马利布兰以前唱过的）和一首欢快的西班牙歌曲，以独特的音乐方式向逝去的姐姐致敬。戏剧批评家们没有肯定这种姿态，强烈批评波林娜的任意妄为。

但她还是为观众们所喜爱，在这个演出季中出演了五部歌剧：罗西尼的《奥赛罗》《灰姑娘》《塞维利亚的理发师》《坦科列塔》（*Танкреда*）以及莫扎特[①]的《唐・璜》，还在多场演唱会中演唱了帕莱斯特里那[②]、马尔切罗[③]、格鲁克[④]和舒伯特[⑤]的作品。

①沃尔夫冈・阿玛多伊斯・莫扎特（Моцарт，1756—1791），欧洲古典主义音乐作曲家，其作品不胜枚举，本书中涉及《唐・璜》等代表作。——译者注

② 帕莱斯特里那（Джованни Пьерлуиджи да Палестрина，1525—1594），意大利作曲家。——译者注

③ 马尔切罗（Бенедетто Марчелло，1686——1739），意大利作曲家。——译者注

④ 格鲁克（Кристоф Виллибальд Глюк，1714—1787），德国作曲家。——译者注

⑤ 弗朗茨・舒伯特（Шуберт，1797—1828），奥地利作曲家、音乐家，“古典主义”最后一名巨匠，其代表性作品有《小夜曲》《摇篮曲》等。——译者注

伊万·谢尔盖耶维奇·屠格涅夫少年时期的肖像。作者：基里尔·戈尔布诺夫(Кирилл Горбунов)，1838—1839年。

波林娜生病不能参加演出的时候，即使剧中有其他的著名女歌唱家参演，剧院的经理处也会建议给观众退钱。

正是在这一时期，17岁的波林娜结识了35岁的奥罗尔·杜邦[①]，后者笔名为乔治·桑（Жорж Санд），是丑闻小说《安蒂亚娜》（*Индиана*）、《瓦朗蒂娜》（*Валентина*）、《莱丽娅》的作者，这些作品提倡女性拥有自主权，拥有自由和爱情的权利。

这两位女性成为了亲密的朋友。奥罗尔称波林娜为“fflle”——“小女儿”，波林娜管这位年长的朋友叫“Миньон”［法语mignon——意为“亲爱的、可爱的、柔弱的”，也可指敏感、优美、充满幻想的小姑娘迷娘，歌德的小说《威廉·麦斯特的学习时代》（*Годы учения Вильгельма Мейстера*）（1795）中经常身穿男装的女主角。］波林娜还结识了奥罗尔当时的伴侣——弗里德里克·肖邦[②]。

几年后，奥罗尔出版了她最著名的作品《康素爱萝》（*Консуэло*），其中女主角的形象就是以好友波林娜为原型的。

奥罗尔是这样描述康素爱萝的：

> 她身体里流淌着优秀的西班牙血液，毫无疑问，她来自于摩尔塔尼亚城，因为她的特点是肤色黝黑、内心沉静，与流浪民族完全不同。她安静得像濒海湖里的水，同时又像在水面不断滑动的吊篮一样灵活。因为康素爱萝长

① 奥罗尔·杜邦（Аврора Дюдеван，1804—1876），笔名乔治·桑，法国著名女小说家，巴尔扎克时代颇具风情、另类的小说家。缪塞、肖邦都曾是其爱慕者和情人。——译者注

② 弗里德里克·弗朗索瓦·肖邦（Фредерик Шопен，1810—1849），波兰作曲家、钢琴家。——译者注

得太快，而她的母亲又太过贫穷，所以她总是穿着对她这个年龄来讲过短的裙子，这赋予这个习惯于光脚走路的14岁女孩一种特殊的羞怯的婀娜姿态，使她的步态显得十分自然，看上去让人既觉得愉快，又感到心疼。她的脚很小巧，任何人都无法形容她穿的鞋子如此之差。但她那被过分短小、接缝处开线的裙带束缚的身材却匀称而富有弹性，像一株棕榈树，但是并不圆润，没有诱惑力。可怜的小姑娘从不在意这些，阿德里阿季卡（Адриатика）的那些皮肤白皙、身材丰腴的女儿们总是叫她“丑八怪”“柠檬”“黑妞”，她早就习惯了。她的脸圆圆的，脸色苍白，一点都不出众，如果不是别在耳后的浓密短发，还有那一副漠视一切的严肃样子，使她显得有点不太让人愉快地与众不同的话，这张脸不会使任何人感到惊艳。

然而，唱歌的时候，丑姑娘康素爱萝就会变得焕然一新。

当乐队的和弦刚刚响起，召唤康素爱萝就位时，跪着的她慢慢地站起身来。但是，这位年轻的姑娘发生了多么神奇的变化啊！一分钟前她还是那么苍白、沮丧、疲惫和惊慌，而此时她高高的额头周围闪耀着美妙的光辉，美丽、宁静、光亮的脸上洋溢着温柔的慵懒。在她平和的目光中看不到对成功的贪念。她整个人给人一种严肃、深沉和神秘的感觉，令人感动、使人肃然起敬。

……她的双颊泛起令人陶醉的红晕，又黑又大的眼睛里燃起神圣的火光，教堂的拱门之下响起她无与伦比的声音，干净、有力、庄严。这声音只能来自一个拥有非凡智慧和广阔胸襟的人。几个节拍之后，高兴的泪水从马尔切罗·格拉夫（Марчелло Граф）的眼里夺眶而出，他难以抑制激动的心情，高声喊道：

“我向上帝保证，这个女人太棒了！她就是神圣的采齐利娅（Цецилия），神圣的捷列扎（Тереза），神圣的康素爱萝！她是诗的化身、音乐的化身、信念的化身！”

下面是对维亚尔多的又一种描写：

文艺的早晨，维亚尔多家，维亚尔多女士登台演唱。她唱的是柴可夫斯基（Чайковский）的抒情曲：

不，只有那个知道我如何渴望见面的人
才能明了，
我曾经多么痛苦，
而现在我又多么焦灼……
我眺望远方，浑身无力，眼前发黑……
唉！那个爱过我、了解我的人，——在远方。

她已经是个老太太了。但当她唱“我多么焦灼”时，我全身发冷，后背直起鸡皮疙瘩。她投入了太多的感情。她的眼睛、苍白凹陷的双颊……需要有观众！

她还演唱了费特（Фет）的诗歌：

远方腾起一片灰尘，
好似波浪起伏的流云；
是骑者还是行人，
尘雾里无从区分。

我看见一个骑手，
策着烈马向前飞奔，
朋友啊，远方的朋友，
请把我牢记在心！[①]

最后一句充满了难以抑制的激情、痛彻心扉的愁苦，非常引人入胜。

上述片段出自不同的作者（第二段出自民主革命家格尔曼·洛帕廷[②]的回忆录）。写作的时间也不同。《康素爱萝》出版于19世纪40年代，而洛帕廷是在19世纪80年代巴黎的俄罗斯图书慈善音乐会上听维亚尔多演唱的。有一个共同点，赞叹波林娜使观众忘记她的外表，以激情四溢的艺术打动人心的才华。

奥罗尔就像个细心的母亲一样努力地为“女儿”安排好的姻

①详见《费特抒情诗选》，曾思艺译，中国友谊出版公司，2013年版，第18页。——译者注

②格尔曼·亚历德罗维奇·洛帕廷（Герман Александрович Лопатин，1845—1918），俄国民主主义革命家。——译者注

缘。缪塞曾向波林娜求婚，波林娜很犹豫，对于举目无亲、在异国他乡一个人奋斗的女歌唱家来说，缪塞是一个好伴侣，好过她可以指望的那些人。然而，不知是什么使她不再理会这个有力的求婚者。奥罗尔支持波林娜，缪塞曾经是奥罗尔的情人，她不但对他的性格了如指掌，还在长篇小说《她和他》（*Она и он*）中描写了他的虚荣、任性、小气和自私。

但是，奥罗尔注意到了波林娜的另一个追求者——路易·维亚尔多。他富有、聪明、远见卓识，写过很多政治文章。他了解艺人的日常生活，懂得波林娜才华的价值，不会把她从观众身边夺走，把她“锁向金笼”。维亚尔多比波林娜大很多，他已经40岁了，而波林娜才20岁，但这并不要紧。要紧的是，按奥罗尔本人的话讲，维亚尔多“无聊得就像夜里的灯罩”。他不适合做小说里的男主角，但却非常适合做丈夫。

被拒绝的追求者缪塞将维亚尔多的求婚过程画成了17幅讽刺画。奥罗尔嘴里叼着烟卷儿劝说加西亚先生和波林娜，维亚尔多焦躁地留意着整个交谈过程，他的鼻子和匹诺曹[①]的鼻子一样，随着求婚进程的发展变化，一会儿变长，一会儿变短。

事情进展得非常顺利：1840年4月16日，波林娜与维亚尔多结婚了。他们在意大利的罗马和那不勒斯度过了蜜月，并在那里结识了夏尔·古诺[②]。波林娜在给奥罗尔的信中写道：“就像您对我保证的那样，我在路易身上看到了高超的才智、深刻的内心、高

①匹诺曹（Пиноккио）是意大利作家卡洛·科洛迪（1826—1890）长篇童话故事《木偶奇遇记》中的主人公。——译者注

②夏尔·古诺（Шарль Гуно, 1818—1893），法国作曲家，波林娜与屠格涅夫的共同好友，其代表作是歌剧《浮士德》《萨福》等。——译者注

尚的品性。”

1841年，维亚尔多夫妻的大女儿路易莎–波林娜（Луиза-Полина）出生了；11年之后，第二个孩子克洛季（Клоди）出生，再过三年，玛丽安娜（Марианна）出生，1857年，儿子波尔（Поль）出生。

1842年初，产后的波林娜重返舞台。由于剧院里的明争暗斗，她不能在巴黎进行演出了。维亚尔多也不得不离开自己的工作岗位，他将所有的精力都放在政治斗争上，创办了《独立评论》（*Независимое ревю*）报。于是，波林娜去了巴黎，用她自己的话讲，她发现“那里的观众无知，但活泼、招人喜欢，总之，就是平常百姓”。秋天，波林娜重又回到“意大利歌剧院”，但是戏剧批评家的责难还是纷至沓来。戈蒂耶（Готье）没有直接提波林娜的名字，评论称：“观众更喜欢没有美感、没有台风的丑姑娘，她的声音像悬崖上面或下面一样低沉阴郁。”这些人身攻击使波林娜十分伤心，也为奥罗尔创作《康素爱萝》提供了丰富的素材。

最终，维亚尔多发表了公开信来维护自己的妻子，在信中他抨击了自己的政治对手，说他们“靠打败一个女人来刺伤一个男人”。公正的批评是：政治恩怨经常牵扯到戏剧，但这不是巴黎仅有的特色。1843年春天，波林娜和维亚尔多去了维也纳，他们在那里确认了这一点。在演出时，维也纳人为波林娜鼓掌，对同台演出的意大利女歌唱家喝倒彩，而意大利人刚好相反。不过，音乐之乡维也纳不可能不热情欢迎天才的女歌唱家，波林娜在那里获得了精神上的放松。此外，她在维也纳又见到了刚从彼得堡归来的鲁比尼。他在彼得堡受到了特别好的接待，因此他正在计划新的巡演。当然，他很高兴能够有这样的机会，于是邀请波林娜同他一起去彼得堡巡演。

波林娜在彼得堡大剧院1843到1844年演出季的首场演出是1843年10月22日举行的，扮演的角色是罗西尼的歌剧《塞维利亚的理发师》中的罗济娜。接下来的演出于10月27日和29日举行。

对于波林娜的演出，《北方蜜蜂》给予了热情洋溢的评论。一位作者写道："显然，从俄罗斯有戏剧的那一刻起，我们在舞台还从未见过像鲁比尼、坦布里尼（Тамбурини）这样的男歌唱家以及像波林娜女士这样的歌剧首席女主角……"波林娜被称为"以声音的魅力和天才的力量征服我们心灵的魔女"、"我们的小夜莺"、"我们最喜爱的（女）人"。一位评论家指出："在她的演唱中，我们能听到宗塔格（Зонтаг）的温柔、卡塔拉什格的技巧、帕斯塔的奔放，还有她姐姐马利布兰的独特的加西亚唱法。波林娜发出的每个音符，从激越的高音到融入乐曲低音部浑厚的低音，所有的颤音都像珍珠一样干净。波林娜女士的歌唱是纯粹戏剧性的，而据我们对罗济娜一角的判断，她是一位卓越的女演员，她的演技与唱法一样高超。她的歌唱里充满着无限的情感，她的每一个音符都深入人心。加西亚女士个子不高，身形优美。在她火热的眼神中能找到英勇的安达卢西亚的感觉。波林娜女士演唱时的魅力非比寻常。看不出她费任何力气，只觉得她好像在释放为旋律与和音所累的胸膛。"

诗人和翻译家H. B.贝尔格[①]这样描述对波林娜的印象："除了非凡的嗓音、精湛的戏剧表演，这位女演员拥有极少数人才有的

①尼古拉·瓦西里耶维奇·贝尔格（Никола́й Васи́льевич Берг，1823—1884），俄国诗人、翻译家、记者。——译者注

女歌唱家波林娜·加西亚-维亚尔多的肖像。作者:布留洛夫。1844年。

优点，她像拥有巨额资产的最高贵的贵族小姐一样富有教养，她会说多国语言，举止十分优雅。在沙龙里和舞台上，人们包容她的一切。她远非美貌之人，她身材瘦削、有点驼背，她的面部线条过于棱角突出，这些都没有人在意。在大街上，她即使从眼神最好的色鬼身边走过一千次，都不会被他注意到。可在剧院里，当她表演时，满座的人都会惊叹，迄今为止，好像从未有过如此疯狂、如此热烈的场面。她的表演充满着不同寻常的激情，尤其感染着观众。"

一次演出之后，鲁比尼对波林娜说了一句话，这句话广为人知：

别那么狂热地表演。你会死在舞台上的。

波林娜在给奥罗尔的信中这样描述她在彼得堡舞台上的演出："您知道，我在这里所取得的成绩，与您对您的康素爱萝所希冀的一样大，但您有所不知，这成绩随着每一次的演出在进步，我自己都能感觉得到我每天晚上的进步。上周表演《理发师》时，我一出场就得到了暴风雨般经久不息的掌声，以至于好几分钟都不能开始演出。我被如此热情的欢迎深深地打动了。在第二场中，我给了观众们一个小小的惊喜来答谢他们，结果整个演出厅差点没爆炸了，我给他们唱了一首俄罗斯民歌。当然，是用俄语唱的。我从未听过这样热烈的掌声和欢呼声。"①

①此处波林娜演唱的俄罗斯民族歌曲，可能是阿里亚比耶夫的《夜莺》。

在一次这样的演出中，屠格涅夫第一次见到了波林娜。

亚历山德拉·托尔斯泰娅（Александра Толстая）伯爵夫人也观看了那场演出，在给亲戚的信中她这样描述波林娜的表演："优雅、自然和天真完美地结合在一起，无法再完美了。而且，她的表演完全符合她的民族性格，无论是出身，还是活泼的性格，她都属于西班牙人。自然，她的一些剧烈动作与塞米拉米达（Семирамида）女王并不相称，但却完美契合罗济娜刚毅、活泼的性格。在读便条那场戏的二重唱中，她表现得十分细腻，又十分俏皮。亲爱的叔叔，请注意，她缺少征服观众的强力武器——美貌，她只是凭借个人才华，才使得观众臣服于她的脚下。对于她的歌唱，我不能予以同样的赞美。我觉得，她好像在用某种奇怪的方式，滥用她那不可思议的动态的声音。这就是无限的修饰和颠覆审美的违规，在俄罗斯永远也发现不了这个。如果波林娜长期待在俄罗斯，她是改不掉这些毛病的，因为我们愚蠢的观众总是在她不够优雅、不够朴实的地方为她鼓掌。她的音域宽广，能够唱出我们从未听过的高音与低音。她发出的每个音都非常悦耳，但即使这样，她也总是力图超越天然的极限，冲击她无法征服的刺耳的高音。说实话，这只是偶然现象，但这种偶然现象却破坏了她干净、纯熟的声音带给你的愉悦感。在声乐课的场景中，她先演唱优美的法国抒情曲，然后与鲁比尼进行二重唱，使我们一饱耳福。在这部剧中，他们二人的表现都是值得赞赏的。我知道这个二重唱，因为我曾经唱过，因此能够很好地评价他们表演的魅力。谈到波林娜女士时，不应该忘记，她的才华还没有完全发挥出来，她还很年轻，我相信，假以时日，她会明白，成为一名伟大的演员靠的不是过度的褒奖与过多的关注。”

下面是屠格涅夫本人对波林娜的回忆：“我去看了《塞维利亚的理发师》，波林娜在里面扮演罗济娜。第一幕的场景开始了。‘在巴尔托洛（Бартоло）家的一个房间里。罗济娜上场，身材不高，面部线条很突出，一双深邃、热情的大眼睛。色彩斑斓的西班牙服装，头上高高地斜插着一把安达卢西亚梳子。’‘不好看！’我后面的邻座一再说。‘确实不好看。’我心想。

突然，发生了一件异乎寻常的事情！一个任何人似乎都从未听到过的美妙而圆润的声音响了起来。霎时，仿佛有一阵电火花掠过整个演出大厅。起初是死一般的寂静，观众心旷神怡地一动不动，但要默默地听完演唱是办不到的！一阵又一阵‘好！好’的喝彩声不停地打断和淹没她的歌声。再也无法保持冷静和遵守剧场秩序了，每个人都无法自制。巨大的人潮已容不下狂喜与兴奋，人们贪婪地捕捉着这位女魔法师的每一个音符、每一次呼吸，她出其不意地彻底抓住了所有人，男女老少，热情的、冷漠的，音乐家以及外行的全部思想、感情和想象。是的！她就是个魔法师！她的双唇是那么美妙！谁说的‘不好看’？真是无稽之谈！

波林娜还没结束自己的咏叹调，演出厅内已如同洪水决堤一般。巨浪奔腾，一场我闻所未闻、见所未见的风暴席卷全场。我不清楚自己身在何处，也不知道自己怎么了。我只记得，我自己，还有身边所有的人都在呐喊、拍手、跳脚、拍打椅背，心潮激荡。这是一种心醉神迷的感觉，一种可以传染的狂热瞬间俘获了上上下下所有的人，使人无法遏止地要尽可能大声、尽可能狂热地把自己的感受表达出来。

这是艺术的盛宴！那个夜晚没去歌剧厅的人无法想象现场观众激动到何种程度，尽管前五分钟他们根本没想到情况会是这样。

咏叹调重复时，所有观众都明白了：波林娜不仅是伟大的歌唱家，而且还是天才的表演者。罗西尼的曲调富于修饰，而如今，几乎每一处修饰都有了新的变化，新颖的、空前优美的装饰音，就像绚丽的焰火喷薄而出，每时每刻都在产生灵感，令人惊奇、令人陶醉。她宽广的音域能从女高音轻松自如而又有力地滑入深沉的、温暖人心的女中音。她作为歌唱家和女性的双重魅力，在整个第一幕期间变得越来越强大。因此，接近尾声时每个人都焦急地渴望找到机会，与亲近的人分享满腔的感受。的确，之后的幕间休息与平时迥然不同，人群开始骚动，但是很长一段时间都没有人能走出观众席，到处都能听见兴奋而惊奇的热烈感叹声。看来，人们会一直不停地呼唤她返场。”

据屠格涅夫自己证实，10月28日他结识了路易·维亚尔多，11月1日即被介绍给对方的妻子认识。据波林娜讲，介绍她认识屠格涅夫的人当时还开了这样一个玩笑：“他是年轻的俄罗斯地主、优秀的猎手、良好的谈话伙伴和蹩脚的诗人。”路易想体验一下俄式狩猎（后来他写了好多关于俄式狩猎的随笔），于是屠格涅夫就着手安排。他写给维亚尔多一家的第一封信即与此相关。

第三章 书信[1]

亲爱的维亚尔多先生！

我刚刚从季诺维耶夫（Зиновьев）那儿回来。关于这次打猎他通知我如下内容：4点前应该吃完饭，做好准备；到时肯定会有狍子，也有驼鹿，但没有那么多。您想来吗？想来的话，请在3点半之前到我这里，带好打猎的装备。您可以在我家吃饭，然后我们再出发。到时会有雪橇来接我们。我必须事先提醒您，这次打猎我们每人的花销不会超过40卢布，我们将在明天晚上7点回来。不要忘记带个坐垫，因为我们不会去季诺维耶夫的庄园，而是去他另外的一处田庄。请不要拘束自己。如果您不能去或者不想去，那就不用去。毋庸赘言，我们都很高兴能和您一起打猎。

总之，欢迎您，到时见！从昨晚开始，"*Chequereis Panchito*"[2]这首歌一直萦绕在我的脑海里。这是非常美好的作品，而您的妻子，可能说得不对，是最伟大的，在我看来，她是这尘世间独一

①这些书信略有删节，删减的内容主要涉及屠格涅夫和波林娜对其他歌唱家，还有许多偶然认识但最终没有成为家里朋友的那些人的印象。

②一首西班牙民歌。

路易·维亚尔多（1800—1880）——法国作家和政论家、波林娜·维亚尔多的丈夫。

无二的女歌唱家。

完全属于您的伊万·屠格涅夫
星期六

屠格涅夫第一次给波林娜写信是1844年春天，那时波林娜已经离开了俄罗斯。

1844年3月9日，圣彼得堡

我亲爱的善良的维亚尔多夫人，我从莫斯科回来总共4天时间了，叶甫盖尼在给您的信中给我留了一小块地方，我借此机会给您写点什么，好让您想起我。我在莫斯科的停留并不特别令人愉快，因为肺炎我被困在房间里两个多月，还有其他的事情，但是，我终于恢复了健康。

我非常高兴地从《共同戏剧报》（*Allgemeine Theater Zeitun*）[①]上得知，您健健康康地来到了维也纳，我希望，在法国休息之后，您也以这样的状态可以回到我们身边。您会回到我们身边，不是吗？

忠实于您的城市彼得堡正焦急地等待着您，您自己想一想，您的亲近之人、忠实于您的人们、您的老近卫军们是什么感觉。我又见到了他们，我们谈论您，或者像皮措（Пиццо）所说的，

①《共同戏剧报》，德国报纸，在维也纳出版。

“说您的坏话”。我不能说我们回忆了许多事情，但是我们什么都没有忘记。彼此重温这些往事使我们非常快乐。我与皮措谈得尤其多，他是个高尚、诚实的年轻人，非常崇拜您。我让他唱了您所有的歌，直到嗓子唱哑。《罗密欧》(*Ромео*)的最后一幕，《城市》(*Stadt*)，《冤家对头》(*Капулетти и Монтекки*)①。顺便问一下，您是否知道，我有点生您的气呢？要知道您从没为我唱过您的《歌曲集》(*Альбом*)②中的任何一首歌。您知道吗？在这部集子里有非常出色的东西。例如：《小教堂》(*Часовня*)、《光明与黑暗》(*Мрак и свет*)，但最好的还是《别了，阳光灿烂的日子》(*Прощайте，ясные дни*)。所有这些歌曲都渗透着强烈的悲伤，这忧郁、脆弱的悲伤会使您不安和哭泣。与此同时，表现得多么真实！我曾有机会评论这些。皮措这个月27号将前往维也纳，而我将留在这里，在计划去旅行之前干什么，对此没什么可想的。再过半个月，您就要去法国了，您将会见到您的妈妈、您的孩子、您的熟人，我能预想到您的高兴之情，并为您感到高兴。可是，如果您什么时候改变主意要来北方，您将不会像第一次来之前那样，担心在这里找不到真实可靠的朋友，难道不是吗？我必须告诉您，您给这里的人们留下了深深的回忆，他们总是谈起您，他们爱您，当然，除了与您势不两立的敌人沃尔科娃(Волкова)小姐，但我要赶紧告诉您一个让您感到安慰的消息，她的哥哥卡拉马布尔(Каламбур)先生对您十分欣赏，大剧院里座无虚席。

①维亚尔多在B.贝利尼的歌剧《冤家对头》中扮演了女低音罗密欧，演出时以H.瓦卡伊的歌剧《朱丽叶与罗密欧》中的第四幕代替此剧的第三幕。信中提到的第二部作品是舒伯特为海涅的诗集《天鹅之歌》(*Schwanengesang*)所配的抒情曲；第三部作品未知。

②指的是维亚尔多抒情歌曲集，1843年，巴黎出版。

我将在彼得堡的周边地区度过夏天，我要从早到晚地打猎。整天都在田野里度过多好。在那里可以幻想自己的快乐，而您知道，我天生有点喜爱幻想。顺便说一下，关于打猎，我觉得维亚尔多能够在这件事上取得很大成功。如果我的信到时他在维也纳的话，请向他转达无限的美好祝福，并请他为我写两句话，可以直接寄到内务部办公厅，收件人的名字写我的就行①。我请求皮措到达维也纳后告诉我您的新消息。我想看一看我们那些可爱的小房间，但现在那里住着别的人。请原谅我把这一切都说给您听。但是有什么办法呢？我们这种饥饿的人只能以回忆为生。

好了，别了，或者，最好是再见，祝您幸福。说实话，当我对您说“祝您幸福”时，我没有任何东西可以附加，因为我是发自内心而且经常说这句话的，因为我觉得，这样的祝福一定会变成现实。再次跟您道别，请允许我像从前一样握您的手。

您最忠实的朋友：伊万·屠格涅夫

在后来的多年时间里，他们经常通信。屠格涅夫一共给波林娜写了500多封信。1846年，波林娜再次来到彼得堡，但由于生病未能登台演出，就匆匆返回法国，回到自己的库尔塔夫聂尔庄园。而1845年夏天，屠格涅夫就已经客居在这座庄园并写作了未来的《猎人笔记》（*Записки охотника*）中的前几个短篇。11月12日，《北方蜜蜂》（*Северная пчела*）刊登了一则“令人悲伤的消

①屠格涅夫自1843年6月至1845年4月18日，在内务部办公厅供职，任十级文官。

息”，说：“我国观众的宠儿维亚尔多-加西亚夫人，在本次演出季中将不再演唱。她在艺友义演后患了恶性咳嗽，俗称百日咳，医生们认为，对于患有这种危险疾病的患者，唯一有效的方法就是换地方，即换气候。”

仁慈的夫人，我刚刚给您的母亲写了一封公事信件，向她转告这里对于未来演出季的所有说法和做法。您可以看一看那封信，自己作出判断。我事先就确信，您所做的一切都是好的。但是我应该告诉您，您在这次冬季演出中的缺席（如果我暂时还不想的事情终将发生）将会使许多人伤心。无限感激您的书信，以及对您房间安排的细节说明。这将帮助我更加生动地想象我日思夜想的东西。我希望您能慈悲地告诉我您最后的决定，您的决定对许多人和许多事至关重要。衷心祝愿您心情大好，事业有成。特别祝愿您健康、平安、精力充沛。至于我，从您走后，我一直过着非常平静的生活，写了不少东西，并取得了不小的成功。寄给您和索洛沃伊（Соловой）的短文是为了提供这个冬天应该进行的谈话的谈资而写的。您会发现，这些内容都不连贯。我希望这个夏天您能实现您的学习计划，及至您的所有计划（如果医生建议，您一定要去洗海水浴）。如果冬天您不能来俄罗斯的话，我希望明年能有幸在欧洲见到您，因为我正打算去欧洲。

索洛沃伊告诉我，您丈夫给您买了一匹马，我为您感到高兴。当您在库尔塔夫聂尔附近散步或进入暖房时，请您偶尔想想我。再过几天我就要去农村了，也许去奥德萨，但是，出发前我一定会像之前想好的那样，彻底安排好自己的事。**我总是孤身一**

人，我将永远孤单[①]。

我的脑海中充斥着各种（文学）大纲，我不知道怎样摆脱它们。如果您允许的话，我想从农村和奥德萨给您寄一两封信，信中我会细说。

我对您母亲所说的关于您的聘约和其他的事情，都是这里的真实情况。您可以考虑一下，相应地安排自己的事情。请您到这里来吧……

无论如何，劳驾您告诉我您的决定。再见，祝您健康幸福，欢迎您再次来这里。您会发现这里的一切都与您离开时一模一样。再一次跟您说再见，请转告您善良的母亲，说我对她无限忠诚。再次吻您母亲与女儿的手，就此搁笔。

永远属于您的[②]伊万·屠格涅夫

在通信中，屠格涅夫告诉维亚尔多夫妇戏剧和政治方面的新闻，也谈论自己的西班牙语课程，总之，讲述能让他们感兴趣的所有事情。比如，在一封发自伦敦的信中，屠格涅夫通篇都在讨论他在伦敦听过的歌剧，而信的结尾他是这样写的："啊！亲爱的维亚尔多，我在这儿看到了一只非常可爱的小狗！如果它不是300法郎，我真想买下它！如果我不是多少有些高尚品德的人，或者更确切地说，如果能偷走的话，我真想把它偷走！但我会一直记着它，直到生命结束的那一刻。"

---

①此处原文为德语，用黑体字体表示，下同，不再标注。——编者注
②此处原文为英语，用宋黑字体表示，下同，不再标注。——编者注

26岁的伊万·屠格涅夫。路易·艾仁·拉米画，1844年。

屠格涅夫认识并结交了维亚尔多家庭的其他成员，首先认识了波林娜的母亲，屠格涅夫十分敬重她。

1846年10月21日，圣彼得堡

仁慈的夫人，我从农村回到彼得堡已经三天了，我在那里待了5个多月。得知您现在身在柏林，我无法抑制给您写一封信的愿望。在与您和您的丈夫接近之后，我不能忍受再次变成您的"外人"。给您写信时，我心里希望您没有完全忘记我，希望您能高兴地接收来自曾经爱您，并至今爱您的城市的消息。多亏罗拉（Лора）小姐的热心，她屈尊降贵亲自给我写了回信，让我知道您这一年都做了什么，使我不再对您的情况一无所知。索洛沃伊只给我写了一封短信。看来，离开彼得堡后我寄给您的两封信（一封写的是您的名字，另一封写的是维亚尔多的名字），没能送到您手里。我不知道这是怎么回事，或者更确切地说，我只能猜测其中的原因。两周前在柏林见过您的人告诉我，他们觉得您的健康状况相当好。您不难想象，听到这个消息我觉得非常幸福。至于维亚尔多，我相信家乡的空气和打猎，已经使他完全康复了。顺便说说打猎的事，您可以告诉他，在农村我只干了打猎这一件事，他的猎枪在那里已经小有名气了，至少比目前写这些文字的猎手名气大得多。我告诉您我的感觉非常好，为了告别我的特殊身份，整个这段时间我过得像个真正的农村人，在其他方面我还是原来的样子，因为我这个人不会改变，不管这对我来讲幸与不幸。

回到彼得堡的第二天，我去看了意大利歌剧。演的是（今年冬天第一次）朱莉（Джули）夫人、古阿斯科（Гуаско）、波里昂（Поллион）和一位维欧拉（Виола）、阿达尔吉萨（Адальджиза）小姐的《诺尔玛》（*Норма*）。当我进入剧院时，我的心痛苦地紧缩起来。您不难想象原因，我发现我看着台上歌者们熟悉的面孔时，还是有一点高兴的。我不想向您讲述这场演出的细节，但是表演者给我留下了下面的印象。朱莉夫人的声音很高，不是非常有力（与这里人们所说的正相反），但是尖锐、持久。给人的第一印象是，音色不是特别令人愉悦，但很快能够让人接受。低音部分低沉并带有震动，她缺乏品位与热情，她的表演风格是夸张的，或者更准确地说，是夸张做作的。在《圣洁女神》（*Castadiva*）中，她演唱的感觉就像爱上了月亮似的，她不够高雅。作为一名歌手，她过分卖力，而作为一名演员，她几乎像块木头。但不管怎么说，她还是能给人留下印象，甚至令人激动。她滥用长调，总是突然换调，她的技艺远不够完美，但不失光彩。总之，观众喜欢她，她也应该被喜欢，因为她算是一名出色的女歌唱家。古阿斯科，无疑也是一位优秀的歌唱家，但他失声了。他给人留下的印象是，声音洪亮，但是空洞、无神，高音对他来说很费力。总的来讲，他唱得很艰难。我不知道是不是他习惯于平缓唱法[①]才导致这种情况。他很有热情，非常高雅，富有品位，但他只能让一半的人感到满意。他无力的嗓音不稳定，没有穿透力。至于维欧拉小姐，她真是不折不扣的中学生，她的嗓音是女中音，差不多是女低音了，还可以忍受，但就连

① 平缓唱法，一种特殊的演唱平缓唱法的方法。

莫利基尼（Мольтини）小姐都能当她的老师。最高祭司的角色，由一位叫什佩和（Шпех）的先生扮演，那是一个动作笨拙的德国人，带鼻音，声音做作，他配不上韦尔辛克（Версинг）这个角色。观众们大概是出于习惯，要求演员重唱一次诺尔玛与阿达尔吉萨二重唱中的快板，因为维欧拉小姐的失误，导致这个二重唱被毁了。朱莉夫人受到观众的热烈欢迎。

仁慈的夫人，这里的人都为您感到非常惋惜。尽管这已成事实，可人们还是不愿相信，这个冬天您不会来到彼得堡。整座城市都流传着各样各式的传闻。有人说，沙皇明确指示，无论如何要把您请到彼得堡来。还有人说，好像卡沃斯（Кавос）被派去与您洽谈，开出的演出费是8万卢布！

对您在柏林取得的巨大成功我并不感到惊讶，当然，也感到十分高兴。您要在那里度过冬天吗，还是要去法兰克福？如果您想了解彼得堡戏剧方面的消息，那么您一定要把您的计划告诉我，并把您的地址给我。这是我的地址：大书吏街，季诺维耶夫家，伊万·屠格涅夫先生收。

我至今还没抽出时间和我们的朋友们见一面。我觉得，这个冬天我不见得能离开彼得堡；而我去巴黎旅行的计划也烟消云散了。不过，一切都还没有决定，我还在犹豫，现在没什么别的事情可做。

仁慈的夫人，您知道吗，您在库尔塔夫聂尔一个字都没写给我，这是非常残忍的。亲爱的库尔塔夫聂尔，这个夏天我时常想起它。暖房建好了吗？您见到桑女士了吗？您每晚都演奏乐器吗？您创作了吗？如果您愿意，请将这些情况告诉我，哪怕一点点，就像德国人说的，**补充说明**。您非常清楚，我对这一切都感兴趣。

仁慈的夫人，您看，这封信写得太长了。如果维亚尔多在柏林，请告诉他，我向他致意，请他给我写上几句话。谢天谢地，通信终于恢复了，它是否能够继续下去，只取决于您一人。请相信，您的沉默本已令我十分伤心。在结束这封信之前，请允许我向您表达最诚挚的祝福，您要相信，一旦认识您，就已无法忘记您，我无法不思恋您。请向您的母亲转达我的问候。小路易莎（Луиза）过得怎么样？长高了吗？再见，祝您幸福，请您开恩，偶尔想想您最忠实的朋友。

И.屠格涅夫

1847年12月1日，星期三，巴黎

仁慈的夫人，当您收到这封信时，您在汉堡的处女秀已经演完了，希望您成功，我之所以现在写这封信，是因为我不想让我的祝福迟到。刚刚您已经幸福地结束了第一场战斗。

我刚坐下来给您写这封信，您的妈妈就赏脸把您在《罗伯特》（*Роберт*）演出后第二天写的信交给了我。您可以想象，这封信的内容让我多么快乐！我高兴得满屋子乱跳。啊！太好了，仁慈的夫人，非常好，非常好。在您成功之际，您没有忘记您在巴黎的朋友们，您把自己的消息告诉他们。这是因为，您知道，这个世界上没有人能像他们这样深切地关注您的一切。我们对您只有感激。您要相信，正因如此，我们才经常心甘情愿地关心您。现在我们期待着《诺尔玛》和《梦游者》（*Сомнамбула*）的消息，并提前为您的成功感到高兴。啊，收到好消息的感觉真是太好了！**谢谢！谢谢！**

关于我这边的事我能和您说说什么呢？大家都好，这仅仅是开始。我很快就要恢复拉波尔特（Лаборд）先生的课程，到今天之前我对这课程都没有在意。我工作很努力。我的一位朋友给我看了果戈理[①]的信（但这事只能你我知道），信里面这个傲慢苛刻的人却对我，您的忠实的奴仆，大加赞扬。这位大师的称赞让我十分高兴。《伦敦新闻画报》（*Illustrated London News*）[②]上有条简讯，报道的是您在德累斯顿的处女秀，里面使用了这样的表述：**“相当惊人”**、**“暴风雨般的掌声”**、**“空前的成功”**等。蒂哈契克（Тихачек）应该是一位称职的搭档。他没有不时断音吧？在汉堡谁会和您一起演出呢？

再过一周，《汉堡通讯》（*Hamburger Correspondent*）将不会再有像我这样忠实的读者了。我忍不住想再次告诉您，一切都进展得非常好，非常非常好（请您吐三次口水）。我现在的心情比以前任何时候都好。您想象一下，我在唱歌！！请注意！现在我用芬兰语[③]唱歌。

或许，您会觉得我写得稀里糊涂、语无伦次吧？可是，我心情

---

①尼古拉·瓦西里耶维奇·果戈理（Гоголь，1809—1852），俄国现实主义文学的奠基人，俄国自然派的创始人，主要作品有《死魂灵》《钦差大臣》等。——译者注

②英国报纸。

③歌德的一首诗，后来屠格涅夫以《芬兰之歌》（*Финская песня*）为题，翻译了这首诗并配上了П.维亚尔多的音乐。

好的时候，总是这样。我向您保证，如果昨天晚上我不是在巴黎，而是在德累斯顿，那么我的心情会更好！要知道您昨天演唱了《梦游者》，不是这样吗？在漫长的《克里奥帕特拉》（*Клеопатра*）演出期间，我总是想起您的《梦游者》，如果我为谁鼓了掌，那么，那肯定不是为拉舍尔（Рашель）鼓的。但是，**要忍耐**[①]。

总之，您如今在汉堡。您喜欢这座城市吗？您住在哪儿？肯定是在少女堤大街吧？

不过，我确实像只喜鹊似的喋喋不休，该闭上我的嘴了。明天阿尔伯尼（Альбони）小姐将初次登台表演《塞米拉米达》（*Семирамида*）。我向您保证，仁慈的夫人，一个月之后，我会用西班牙语给您写信并且文笔会很好，我保证。深切问候您的丈夫。路易莎，我全身心地拥抱你。而对您，夫人，我要非常友好地握您的手，最**忠心地**感谢您带给我的美好回忆。我将永远无限忠于您。

И.屠格涅夫

1848年1月4日，巴黎

啊！仁慈的夫人，您的长信实在是太美好了！（就好像您刚刚给您的母亲写的信）。我是怀着怎样的欣喜开始读这些信的啊！

---

①此处原文为意大利语，用刊黑字体表示，下同，不再标注。——编者注

就好像炎炎夏日走进长长的、碧绿、凉爽的林荫路。啊！你对自己说，这里真好。你迈着小步，听着鸟声啁啾。仁慈的夫人，您的歌声远比它们还要动听。请您继续保持那样的风格。您要知道，您再也找不到更忠实、更感恩的听众了。您的母亲常常坐在壁炉旁边，让我为她朗读您的来信，而那些信她可能都一字不差地背下来了！您能想象她听我读信时的样子吗？这时，真应该把她的脸画下来！顺便说一句，我还没见过她的画像；她只想在画像完工之后再给我看，画像不会延期完工。我也打算请利昂（Леон）先生为我画一幅铅笔肖像。

还有，**欢迎到柏林来**。我知道您住在哪里，那儿离勃兰登堡门[①]不远。请原谅我鲁莽地与您谈起您的住处，但是，为什么有的地方只用英文命名，大概认为英国人是语言最高雅的民族吧？为什么这些地方任由无情的季节和严酷的户外空气摆布？我请求您一定要小心谨慎，把它们安排好。有流感和风湿的时候，这种情况比最初看上去要危险得多。您一定会笑话我和我在信中所写的东西，但是，请您相信，这使我感到非常不安。我在这里都能看见您微微抬起右肩、头歪向一边微笑的样子（这是您特有的动作，我建议您保留这个动作，因为它很美，尤其是伴着俏皮的神情时），我还能看见朋友穆勒（Мюллер）的红色大胡子笑开了花。

还有，您首次演出了《犹太女人》（*Жидовка*）[②]，再次欢迎您到柏林来。祝您健康、创作成功、开心幸福。

还是应该和您说说巴黎和那里的情况。新年那天，我们在您

①勃兰登堡门位于德国首都柏林的市中心，因通往勃兰登堡而得名。——译者注
②德国作曲家梅耶贝尔的作品。

伊万·屠格涅夫。波林娜·维亚尔多画。

母亲家像一家人一样一起吃了饭。晚上还一起做了些小游戏，基（Ги）先生一直嚷嚷着要玩方特游戏，最后他彬彬有礼地搂着安东尼娅（Антония）小姐的腰，并用力地亲吻了她的脸颊。我说错了，没有那么用力，因为没有牙齿是做不到很有力的。总之，我们玩得很愉快。非常感谢您，感谢您在给加西亚夫人的信中有几句话提到了我。我将非常高兴收到路易先生的信。非常友好地向你们大家致敬。感谢路易莎对我的美好回忆，我对她的回忆也十分美好。再见了，仁慈的夫人，祝您一切安好。忠于您的伊·屠格涅夫。

路易和波林娜·维亚尔多致屠格涅夫

1848年1月7日，柏林

我亲爱的朋友，既然您工作热情如此高涨，打算完成一系列有关俄罗斯民族以及乡村居民风俗的小说，我有必要给您提供一个思想，它可能成为我们共同作品的又一个主题。

我对俄罗斯的农奴现状略有了解，我曾见过、读过、听过这方面的事情，因此，我也想过要写一篇俄罗斯主题的小说，我还决定以一个从您或是别人那里听来的故事为基础，安排情节。下面就是具体的内容，简短的。

一个老农民，一家之主（我们叫他伊万），与竞争对手——我们叫他德米特里（Дмитрий）较量过后，被选为本村的村长或是县长。老头有个独生女，他视如掌上明珠，并希望能在当地找个好女婿。精挑细选之后，订了婚。这时，来了个地主，把姑娘抢走了。愤怒的未婚夫鼓动村民去把作恶多端的地主烧死在庄园里，精心准备。作为一位父亲，伊万对女儿的遭遇十分痛心，尽管如此，他还是把众人召集起来，劝阻他们，恳求他们对有罪之人发发慈悲，或者哪怕是推迟行动。然后，他又去规劝地主，指出他的卑鄙行为及其危害性。后者嘲笑了他，而且为了惩戒自己的农民，又抢走了德米特里事先帮他选好的一个姑娘。于是，清醒过来的伊万不仅出于个人仇怨，而且为了大家共同的利益，亲手杀死了地主，从他手里解救了周围所有的乡民，然后投案自首。

您可能一看就会说，这个短小的故事可以加入很多地方色彩，可以加入许多对于民风、习俗、法律、管理体系、历史、仪式的描写等，总之，要让人了解俄罗斯农民的状况和生活。我认为，这个故事不适合俄罗斯，但应该对它进行加工，以法语发表。您可以在其中加上您之前作品中具有的所有细节，写成一部真实的风俗小说。我建议您不要仅做翻译或者校订工作，如果您用俄语写作这部小说的话，在您还不便于公布自己的著作权时，建议您还要以责任出版人及官方作者的身份参与进来，如果您直接用法语写（这个您可以做得非常好）的话。现在我手里有一本新书（用德语和法语写的），作者是一位叫奥古斯特·加尔特豪森（Август Гартхаузен）的男爵，书的内容是关于俄罗斯内部体制的。我可以这样说，我从这本书里，还有施尼茨勒（Шницлер）的书和其他来源，也包括我自己的回忆，获取的历史资料。我已经在《独立评论》（*Revue Independante*）上发表过了一篇关于俄罗斯农奴的长文。因此，我可以打消您的所有疑虑。

您对此有什么看法？请您考虑考虑。如果这故事情节让您满意（我觉得，如果您按照自己的观点对它进行改造，它将会更好），如果您认为有必要把您已完成作品中有意义的细节加进去，那么请您尽快动手。3月到4月末，我们有一个月的时间在一起工作，然后我可能得用4个月的“英国式苦闷”去完成我本人的任务。

再没有什么新的消息告诉您了，甚至是关于让我痛苦的打猎。别了，再见！

您真诚的路易·维亚尔多

为什么留下这么多空白？为什么不把空白填满，哪怕是仅仅写下几句简单的问候？为了回报您在母亲信中写下的简短附言，也应该这么做。**很好，好极了**[①]，很好！母亲在信中说，您工作得近乎痴狂。既然您的能力允许，这很好，非常好。请您尽情利用阿波罗赐予您的美好微风。您对工作有了兴趣。这是在任何国家、处于任何地位，特别是您这种富二代的身份，特别是在巴黎，都应该做的最好的事情，要知道在巴黎人们普遍认为，应该不停地工作，等等。您在艺术舞台上挥洒汗水，将永远不会后悔并永远年轻，能够发现生活中所有的快乐，能够坚强面对一切苦难。我也在努力工作，我承认，这是我唯一的消遣、唯一的快乐。如果说这不是我的生活目标，那么至少也是我的生存方式。请给我写信，再见了。

波林娜·维亚尔多

①此处原文为西班牙语，用细圆字体表示，下同，不再标注。——编者注

1850年4月29日，星期一，正午

你好，仁慈的夫人。**您好！我最亲爱的。**

现在，这一时刻，您的感觉怎么样？您刚刚起床（柏林现在11点），稍微有点疲劳，但是，（但愿）对您昨日的辉煌成就很满意。

昨天晚上，我和古诺寸步不离地追随您。我们不停地说着："现在她在唱二重奏"，"啊！现在马上就是"，"啊！我的儿子"等等。歌剧结束时，我们鼓掌、往台上抛鲜花（那是一枝白色的丁香）。我希望，昨天的我们不是孤独的。我们焦急地等待着周四的来信，对我们来讲，这一天莱热（Леже）比阿普季诺亚（Аптиноя）还要美。现在，至少不会有人再折磨您了，梅耶贝尔（Мейербер）[1]不会再一滴一滴地喝您的血了。这样一来，您就会健健康康、非常幸福、非常安宁、非常快乐。

我们在库尔塔夫聂尔已经住了三天了。必须承认，这里非常寒冷。如果说柏林的风是扎人的，那么布里高原的风就是刺骨的。很高兴我们身在此地，而房子本身也在抖落严冬的肃杀，慢慢苏醒过来。暂时，没有任何人开始工作。第三天的时候和昨天晚上，古诺为我们演奏了一会儿。就这些，但来日方长。小船已经下水，天气暂时十分糟糕。这使它不太适合游玩，稍微等一

① 贾科莫·梅耶贝尔（1791—1864），出生于德国，却是19世纪法国式大歌剧的创始人和主要代表人物，主要作品有《恶魔罗罗勃》《预言者》《狄诺拉》等。——译者注

等，等到绿树成荫的时候。

请转告维亚尔多，我已经游览了周围的风光，我先去了扎里耶尔，从那里去了沃州，再从沃州到方丹—别尔那尔，最后经别西返回。风很大，好像都能把橡树连根拔起，而这十分不利于打猎。但是，我的猎狗还是找到了七对山鹑(好像它们都是按“对”叫的)和三只鹌鹑。苏丹(Султан)[1]找到了一只鹌鹑。西多(Сидо)[2]早就该从英国回来了，因为苏丹已经不可挽回地要变成一位老先生了，它就是一个老兵，很快就要变成残疾了。第三天是我自己一个人游玩的。昨天，我和古诺一起去打的猎，我们只发现了两只山鹑和一只兔子，在小葡萄园旁边。

总之，我再次来到了热情好客的库尔塔夫聂尔，来到了灰色大理石的大壁炉跟前。我再次看到了使让(Жан)感到无比欣喜的坦布里尼(Тамбурини)半身雕像，还看到了瘸腿、没耳朵的小野猪，它旁边还有尾巴卷成小圆圈的褐色大公狗。我还看到了桑吉思(Сантьес)作的您的肖像，和您母亲的肖像并列着，画得一点都不像您。那是哪一年，1849年还是1850年？唉！1849年的时候，我还没想过会回俄罗斯呢！(刚才我们这些人，别尔塔(Берта)小姐、古诺和我互相展示了每个人身上穿了多少衣服，所以，我们都露出了皮肤，别尔塔小姐也一样，当然，她露到胸以上。我们每个人甚至预先告诉其他人说我们都露出皮肤了，好让他们睁大双眼。)韦罗妮卡(Вероника)为我们准备了丰盛的午饭，我们大快朵颐，早饭后我们热烈地讨论，我的学说因为反常

①屠格涅夫的猎犬。——译者注
②猎犬的名字。——译者注

而引起社会女性的愤怒。提到学说，我现在正在读华盛顿·欧文（Вашингтон Ирвинг）[①]写的关于穆罕默德（Магомет）的有趣作品。在这个不同寻常的人物的性格中，很有意思地融合了热情与狡猾、忠诚与机智。但我很快就要开始工作。我注意到，我的信就像意大利戏剧中滑稽小丑身穿的百衲衣，因此我想明天再继续写好啦。今天能牢牢地握住您的手，我十分满足。祝愿这世上一切最美好的东西都属于您。请您相信，您的朋友们永远忠于您**至死不渝**，就像戈雅（Гойя）所说的。

您的伊万·屠格涅夫

库尔塔夫聂尔

请注意：人称狄安娜·德·普阿捷（Диана де Пуатье）和美丽的焦康达（Джоконда）的让，终于变成了皮埃尔（Пьер）或佩里卡（Перрико）和来自布里的克瓦吉莫达（Квазимодо）。太成功了！啊，公园里可真脏!!!

请注意：我和小公鸡打了一架，弗洛拉（Флора）变得就像只毛乎乎的白熊。基拉希尔大汗淋漓（穆罕默德的风格）。据说，由于基拉希尔周围的所有奶酪都结成了块儿，布里变成了罗克福德。

附言：现在是2点，古诺刚刚收到您寄来的一封信。他非常高兴。我和科科特（Кокотт）小姐感谢您带给我们的美好回忆。

---

① 华盛顿·欧文（1783—1859），19世纪美国著名作家，号称美国文学之父，主要作品有《穆罕默德及其继承者》《华盛顿传》等作品。——译者注

星期三，1850年6月21日。巴黎

你好，我亲爱、善良的维亚尔多夫人。愿上帝保佑您，愿他留住您生命中的每个瞬间。唉，真的，我周二就要走了。24小时的思索只是使我对自己的决定更加坚定。我答应过您，今天要给您写封详细的信，可是有什么意义呢？您只要知道我延期离开是不可能的就足够了。您很清楚，我从来不可能毫无重要原因就做出这样的决定。我要走了，但我的心中是多么悲伤，我的心情是多么沉重！

好了，没必要再多想了，我也没什么别的能说的了。回到俄罗斯后，我也能说点别的，但在这里，现在，对我来说这是不可能的。今天我给善良的古诺和所有住在库尔塔夫聂尔的人写了信，亲爱的库尔塔夫聂尔在我心里是这个世界上最美丽的地方，有生之年，我将永存对它的记忆。什么时候我才能再次见到它？什么时候我才能再次见到您？希望，不会太久。

您曾经给我看过您姐姐年轻时为梅塔斯塔齐奥（Метастазио）的词"在这凄凉的时刻[①]"谱写的咏叹调。我记得，那唱调好像一种悲伤的预感，使我感到震惊。这句话在我的头脑中挥之不去，已经好几天了。别了，别了。这个"别了"唤起了我心中的另一段回忆，1840年的狂欢节期间，我在罗马，我沿着一条僻静的小街漫步，忽然我看见一座房子的房门里，有一个穿着阿尔巴隆加农

① "在这凄凉的时刻"，长篇小说《告别尼斯》（*Прощаниес Ниццей*）中的一句话，屠格涅夫的中篇小说《三次见面》（*Три встречи*）中提到过这部小说。

服的漂亮姑娘，她握着一个身穿褐色斗篷的男人的手，泪流满面地对他说："别了，别了"。她这样说的时候，声音中充满了诚挚、纯净，同时又充满了悲伤，一下子留在我的耳边，我觉得我现在就听到了这声音。不知道我为何要对您讲这些。别了！

现在我和古诺手里有两张您的银版照片。我的那张照片上，您的眼睛生动传神。我非常高兴能够拥有它。

善良的维亚尔多，我要亲吻她的双颊。狄安娜见不到西多[①]了！可怜的小狗，它在俄罗斯会感到非常寒冷，就像它的主人一样。

我给您写这么短的信，您应该不会生我的气吧？要知道您不会因为这封简短的信而生我的气吧？您知道吗，我不想让您难过，而俄罗斯有句俗语"说得越多越让人难过"。明天我们会得到关于昨天演出的消息。我希望，都是特别好的消息。我整个晚上都在想念您，可我什么时候不想念您呢？

唉，我善良的朋友们，请给我你们的手，让我能够紧紧地握住它们，紧紧地！我会每天给你们写信，直到动身离开的那一刻，之后也一样。

再见了！日夜为您祈祷！祝您幸福、平安、快乐、如意、健康！我永远忠于您。

伊万·屠格涅夫

附言：愿您幸福——这是我不变的祈祷。

①狄安娜与西多分别是屠格涅夫和维亚尔多的猎犬的名字。

波林娜和路易·维亚尔多致屠格涅夫

1850年6月2(15)—8(20)日之间。伦敦

亲爱的、善良的屠格涅夫！

今天我本想给您写封长信，可您的信却使我深受打击。您要走了？不过，这令我如此沮丧和悲伤的消息并不完全意外。看到您从库尔塔夫聂尔带走狄安娜、拿走您的东西和所有的钱时，我和路易就不由得有些疑虑。但是，不幸的预感，与预感变成现实之间相隔太远，以至于现在我感觉自己被突然降临到我们身上的痛苦击垮了。当我们以为已经拥有您、已经把您从讨厌的俄罗斯手里夺过来的时候，我们却要失去您。好吧，既然您做出了这个令所有人心痛的决定，那就意味着，我们觉得它是不可避免的。您走吧，但一定要想着再回来，当然，要处理好您在那里的事情。

愿上帝眷顾您、永远地庇佑您，尽快把您健康、幸福地送回来。到时，您会发现这里的朋友与您离开时一模一样。不，不是一样，而是更好。因为他们会更加爱您，要知道，您不再会让他们很痛苦。现在我把笔交给路易，他也想告诉您，他全心全意地爱着您。这一点您很清楚。但无论如何，说出这些话和听到它们一样让人开心。在您走之前，我还会给您写信，忠于您的波林娜要用心中所有的祝福为您送行。

4点钟。我回到了家，我亲爱的朋友，我手里拿着波林娜写的

这封信，想在邮差取走它之前再添上几句话。的确，与其说我怀疑，不如说我确信您会为了俄罗斯而离开库尔塔夫聂尔。可我不想，也不能说什么，甚至不能让您知道，我已猜透了您的秘密。我也认为，您去那里的做法是正确的，只是一定要从那里回来。四年的时光很快就要过去了，您的事业、您的未来需要您几个月的参与和努力。您的决定是值得称赞的，是必要的，接下来只有把我们交给那个我总是称之为“公正人”的上帝就可以了。由于担心失去这个名声，他会庇护您。请您不要在彼得堡停留，那里像瘟疫流行时一样危险。请尽快去莫斯科，去农村，健康地回来。我觉得，完成使命的时间还没有到来。

还有，希望狄安娜能帮您感受一些快乐的瞬间。

1850年6月24日，星期一，巴黎

亲爱的、善良的维亚尔多夫人！收到您的来信已经第三天了，可今天才给您回信。唉！我的天哪！我都想去巴黎了。在这里，我有时忧郁愁闷得要死。目前我身上发生的一切，我早就应该料到，我很清楚，我不可能永远留在法国，可是，这次离开还是使我感到难以言喻地痛苦。我明天晚上8点出门，出发前，我会再次给您写信。我希望明天能收到您的信。您答应过给我写这封信，它对我来说真的必不可少。我就像奶罐寓言里的那个佩列塔（Перетта），我的罐子摔坏了，我忧伤地看着它的碎片，甚至一点都不想去收拾流走的牛奶。别了，别了，我正在走向沙漠的

女歌唱家波林娜·维亚尔多的肖像。彼得·索科洛夫（Петр Соколов）作，1930年。

深处，每前进一步，沙漠在我的眼里就变得越加宽广和荒凉。别了，愿上帝保佑您、关爱您！

我收到了古诺美妙的来信。他真是个热心肠的人，他的母亲和别尔塔小姐也给我写了一些特别温暖的话。我没想到有人会这样怜惜我，我感动得流下了眼泪。愿上帝因他们的善良而赐予他们幸福！啊！我的朋友们，离开你们，我的心在流血。

为什么您没有告诉我您上周四取得的巨大成功？所有的报纸都对您赞誉有加。您是不是觉得，我心情十分苦闷、我为自己的事情万分痛苦，因而不能为您的成就感到高兴、不想了解与您有关的每一个细节？如果您这样想，那您就大错特错了。正相反，求您今后不要吝啬每个细节，请您相信，对我来说，任何时候、任何东西都不可能比这更珍贵。唉！这您是很清楚的。

请允许我把那块一直放在我床边的小毯子留给您作纪念。它不漂亮，但您可以把它铺到您的前室。请把它铺在您能看见的地方，哪怕一天只能看见一次。我会把它留在您家的守门人那里。

从明天，也就是我离开的日子开始，您可以给我往彼得堡写信。写这些话时，我不禁一颤。这是我的地址：彼得堡，亚济科夫和K寄卖行和代办处，伊万·屠格涅夫先生收。那里的人总会知道我在哪里，并会把您的信转寄给我。请求您，要给我写信。si Dios quierea[1]，我将在下周三到达彼得堡，我会在彼得堡待10天，然后动身前往莫斯科，从莫斯科去农村，然后在旧历10月15日左右返回彼得堡。我将在彼得堡度过整个冬天。请给我写信，

① 如果上帝保佑，或：如果天从人愿。（西班牙语）

请给我写信，收到朋友的来信将是我生活的唯一希望。

我会从柏林、彼得堡、农村、莫斯科给您写信。哦！我会经常给您写信。

现在我知道从地里拔出来的植物是怎么回事了，它的根曾经顺利地向四面八方伸展。可现在都被破坏、折断了。不，我希望没全坏掉，我们仍然是朋友，那种被美好的感情和回忆联系着的朋友，不是吗。

您知道当我特别难过时我会做什么吗？我会聚集所有的精神力量，努力让自己更善良、更纯粹，虔诚地专心为您祈祷，说出对您最温柔的祝愿。愿您的生活幸福美满，同时，我向上帝保证永远不为自己祈求任何东西。

现在我要出去，办好最后的一些事情。今天晚上和明天，我还会给您写信。别了，别了。祝您幸福。这是我的第一要义，它也将是最后要义。

您的И.屠格涅夫

附言：今天是我和您在库尔塔夫聂尔的客厅里读《赫尔曼与窦绿苔》[①]（*Германи Доротей*）整整一年的日子，时间过得真快呀！

晚上见。祝您幸福。

---

①一译《赫尔曼和多罗泰》，德国大文豪歌德（1749—1832）的一部叙事诗，叙述一个饭店老板的儿子，看中一个逃难在外的勤劳朴实的姑娘，两人终成眷属，娓娓动人地描写了美好的爱情和恬静的田园生活，因此被称为牧歌般的叙事诗。——译者注

1850年6月24日，星期一，巴黎，晚九点

亲爱的、善良的维亚尔多夫人，这是我在巴黎的最后一个晚上了。明天的这个时候我已经在去往柏林的路上了。我不想让自己的难过与忧伤而使您烦恼。即便没有之前我那些让您痛苦的谈话，您也可以想象我有多么难过和忧伤。我心心念念的一切可以用一个词来表达。别了，别了。我环顾四周，收起我所有的回忆，包括最微不足道的，就像人们常说的，那些要去往美国的侨民，最破烂的家什也会带在身边，我也要把这一切当作珍宝带走。假若您也答应会想起我，我想，离别会让我轻松些，我心里不会太难过。等您回到库尔塔夫聂尔时，请代我向亲爱的它问好。美丽的秋夜，当您坐在房前的台阶上，看到院子里的杨树摇曳的树顶时，请您想想您不在身边的朋友，请求您，想想那个在那里、在你们中间感到无比幸福的朋友。至于我，我用不着答应您经常想念您。除此之外，我将不会做任何事情。在这里，我已经看到自己孤单地坐在花园里的老橡树下，面朝法国，喃喃自语，他们在哪里，他们现在做什么呢？啊！我觉得我的心留在了这里。别了，明天见。

星期二，早八点

上午好，亲爱的维亚尔多夫人，上午好，这是我最后一次待在法国了。我几乎一夜未眠，分分钟都会醒来，感觉忧伤在梦里

夏尔·弗朗索瓦·古诺(1818—1893)——法国作曲家、音乐评论家、回忆录作家。法国抒情歌剧创始人。

仍缠绕着我。我今天等着您和古诺的来信，我请求他给我寄来《夜晚》(*Вечер*)和《哀歌》(*Lamento*)。您还记得这个吗？但是，不！我现在还无法体会这几个词的魅力，或许，晚些才会体会到，但绝不是现在。我会收到您的信，是吧？

您想象不出，您的凯旋使我多么高兴。当您给我往俄罗斯写信时，求您把您演出的最微小的细节都告诉我。总之，越多越好。缩短距离的最可靠办法是挑战它。请您相信，像“今天早上，我8点钟起床，在面向花园、打开的窗户旁吃了早饭”这样的句子会减少许多里约距离，而您我之间的距离将会有很多里约。

两个小时之后

我的头滚烫滚烫的，我既疲惫，又痛苦，已经没有知觉了。我泪流满面地收拾行李，我什么都不知道了，真的，我不知道我写的是什么。给您寄去了我的地址，我会在柏林给您写信。别了，别了。拥抱你们所有人，拥抱你们，维亚尔多一家，祝你们幸福，我亲爱的、善良的朋友们，我唯一的家人们，你们是我在这个世上最爱的人。感谢你们极其宝贵的来信，我没什么要对你们说的，只能说你们的信对我产生了极好的影响。愿上帝永远保佑你们。该结束了，是时候了，是时候了。嗯，坚强些，让我们期待最美好的东西。请最后一次投进我的怀抱，让我把你们贴近深爱你们的我的心，我善良的、亲爱的朋友们，再见了。愿上帝保佑你们。祝您幸福。我爱你们，至死不渝。吻马努埃尔[1]和蒙宋

①波林娜的哥哥。

（Монсон）夫人，如果她允许的话。别了，别了。

您的伊万·屠格涅夫

附言：我要去路易莎那里，给她带一本德语书，好让她也记得我这个不在身边的朋友。唉！我深爱你们所有人！我现在比任何时候都更清楚地感觉到这一点。

波林娜和路易·维亚尔多致屠格涅夫

1850年6月17、19、20、21日（公历6月29日、7月1、2、3日），伦敦

6月29日

挚爱的朋友，今天您应该上船了，我祈求上帝和所有的天使保佑您。既然已经注定他们要将您远远地从我们身边带走，那就让这一切尽可能轻松一些，尽可能快一些结束。

7月1日

亲爱的屠格涅夫，您好！感谢您从柏林寄来美好的信，我没想到今天会收到这封信，就像看见您本人一样，我禁不住全身一颤。信是早上10点送来的，我当时还躺在床上，刚刚醒来。您可以想象，它受到了怎样的欢迎！我没有一刻不想您，路易也是。每一站我们都陪伴着您。可怜的狄安娜！它在狗笼子里一定特别郁闷！要知道路途中它会生病的！我在这里能看到您怀抱着它、

像照顾小孩子一样照顾它的情景，您是多么善良啊！

7月2日

亲爱的、善良的屠格涅夫，愿上帝在您生命中的每时每刻都保佑您，这是我从早到晚祈祷的内容。每一天，我头脑中的第一个念头和最后一个念头都是关于您的，假若您知道，您不在的时候，大家多么频繁地想念您、谈论您，那么您就会相信，与之前我们在一起时相比，您现在在我们心中的分量没有减轻，相反，回忆不停地把您送回我们身边，特别真实，几乎成了非常珍贵的第二现实。明天，大海将把我们彻底隔开。但是，想到您已经到达，我还是会觉得好过些。我希望，《预言家》（*Пророк*）这部音乐作品不会给您带来困难，要知道它实在太难了！您从斯德丁寄来的信，也是在我醒来时交到我手里的。我不知道还有什么比这更让人高兴。我想，每天早晨我应该比平时多睡一会儿，以便一醒来就能收到您的信，而不用等待，不用因为它一点点的迟到而焦急不安。昨天晚上，我为女王献唱了亨德尔[1]的咏叹调《请让我哭泣》（*Lascia ch' io pianga*）并与卡斯捷兰（Кастеллан）夫人一起演唱了《安德罗尼卡》（*Андроника*）中的二重唱，还与她和马力欧（Марио）一起演唱了《格拉法·奥里》（*Графа Ори*）中的三重唱，还有阿吉欧力（Азиоли）的旧五重唱，后者被要求返场了。我们的堂·巴吉利欧·科斯塔（Дон Базилио Каста）以《旱蒿》（*Coro Campestre*）

① 全名乔治·弗里德里希·亨德尔（Гендель, 1685—1759），德国作曲家。——译者注

结束了这场相对无聊的音乐会。格里西（Гризи）夫人佩戴上了自己所有的俄罗斯钻石，剩下的人也是一样。庆功宴上的她就像圣骨匣一样光彩夺目。卡斯捷兰夫人简直被所有色调的色彩包围了，她和格里西女士一样，穿了一件粉红色裙子。看见这一切，我很高兴自己穿了一件朴素的白色裙子，就是在柏辽兹[①]音乐会上穿过的那件，当时没有唱好伊菲格尼娅[②]（Ифигения）的咏叹调，发间和裙带的后面各戴一朵美丽的白玫瑰、手上戴着几只漂亮的镯子。英国人穿得真是太不好看了！女王打扮得像鲁昂的冰糖一样，您知道的，就是那种直直的、外面由蓝灰色纸（即针织品）紧紧包裹住的糖。我向您保证，所有这一切都没有令我厌烦她。和演员在一起时，无论演员数量有多少，她都只表达唯一一种思想。比如昨天，她先是走到我面前悄声对我说，“我不久前欣赏过您在《预言者》中的表演，应该说，这部戏很无聊，但非常漂亮，尤其是教堂里的那个场景”，然后，她又走到马力欧面前，对他说了跟刚才一模一样的话，无论走到谁身边，可能都是这一句。但是，当她走到卡斯捷兰夫人面前，再次说出这奇怪无比的恭维话时，卡斯捷兰夫人做了个尖酸的鬼脸。我认为，格里西本人肯定也感受到了这种快乐。没什么可说的，所有的宫廷中，彼得堡宫廷最让人开心。如果您偶尔听到我对彼得堡宫廷做出粗鲁的评价（而我认识一位女

---

①艾克托尔·路易·柏辽兹（1803—1869），法国作曲家，法国浪漫乐派的主要代表人物。——译者注

②希腊迈锡尼国王阿伽门农与妻子克吕泰涅斯特拉的长女，曾被远征特洛亚的阿伽门农献祭而祭旗，为神所救，流落陶里斯岛，成为后世众多文学、音乐、绘画作品的题材。——译者注

士，以收集这种不体面的谎言为乐），请您别忘了袒护我，在我看来，忘恩负义是所有恶习中最糟糕的，我可不想有人认为我是这样的人。如果您偶然见到我们的共同好友维耶利戈尔斯基（Виельгорский）、索洛维或是斯捷潘·格杰奥诺夫（Степан Гедеонов）中的某一位，请代我好好问候他们。今天为止，我参加了四场演出，如果鼻炎的情况允许（我一直有这个毛病），后天会进行第五场演出。《犹太女人》（*Жидовка*）的排练还没有开始，但是，除了独唱部分，其他的都准备好了。古诺昨天给我写信说，《萨福[1]》的最后一场已经完成。他抱怨说，屠格涅夫不在，如果他在的话，可以对所做的一切进行批评和赞扬。他多么爱您！而且他说得多么正确！

周六我们在拉姆烈剧院听了巴罗吉（Пароди）女士和弗里左尼（Фриццолини）女士演唱的《卡普列基》（*Капулетти*）。十分糟糕的音乐！太空洞了！我怎能同意唱这个曲子？的确，热闹的剧情会影响观众对作品的冷静分析，可我是第一次听，也没听进去。贝利尼的第三幕与瓦卡伊（Ваккаи）的远不可同日而语，而且，贝利尼的表演只是对瓦卡伊的可怜的、亦步亦趋的模仿。巴罗吉小姐尽管算是帕斯塔女士的学生，却是最平庸的演员，更不能与获得了巨大荣誉的弗里左里尼女士相比了。她学了一次公鸡打鸣，仅此而已。我还没有听过《暴风雨》（*Буря*）。但是，好像除了拉布拉凯[2]，里面也没有什么值得看的了。其实，我想说的是，除了残余的大雕像，没有什么值得一看。您知道吗，我的住

---

① 萨福（Сафо，约前630或者612—约前592或者560），古希腊著名的女抒情诗人。——译者注

② 路易吉·拉布拉凯（Лаблаш，1794—1858），意大利歌剧演员，男低音。

处安排得非常好。我好久没有住过这样舒适的地方了。我们拥有两个挨着的房间，一大一小。当然，我选择了小房间。因为两个房间之间的门很大，我横着放了一架立式钢琴，两边还有很大的空地，可以自由通行，书桌就放在房间的正中央。左边的窗户，正对着漂亮的长满茂密灌木丛的院子，可为了不被行人看到，我总是放下百叶窗。除此之外，我发现微弱光亮比较适合阅读写字，比强光对眼睛更柔和，那束强光好像是灰色的天空不情愿地发射给您的。我对面的墙跟前，放着一张沙发和两把椅子、两个放有花盆的茶几，我的右边是一架钢琴，身后是壁炉，壁炉上摆着很多插满鲜花的花瓶。壁炉的旁边，我的左侧是一张桌子，桌子上放着一个大大的中国花瓶，我的右侧是乐谱架子。窗子的两边挂着两幅漂亮的中国画像。房间里还有三幅版画，其中一幅画上是一个英俊的小伙子和一个美丽的姑娘。小伙子躺在长凳上，和一只小狗玩耍着，好像丝毫不在意身边的姑娘。而可怜的姑娘，双臂低垂，靠墙而立，好像目不转睛地默默地看着冷酷无情的美男子。可怜的姑娘，我能想象，她一定十分难过！另一幅版画上是一个监狱里的年轻男子，无疑是被判了刑的人，因为他双手抱头坐在地上，转过头去，看向一位年轻的姑娘。这姑娘可能是他的心上人，来安慰被社会抛弃的爱人，爱人的死会让她痛不欲生。这两幅画中的女性都是美好的形象。第三幅版画不太起眼，上面画了水井旁的一对情侣。年轻人好像在真情告白，而那个傻姑娘遗憾地拒绝了他，只是不知道她为什么要拒绝他？他看起来比她聪明和漂亮得多。此外，还有两个丑陋的使徒像，悬挂在镜框边上。壁炉上方挂着挂毯，放着两小本红色的古兰经，而

伊万·屠格涅夫。摄影师：安德烈·坚耶尔（Андрей Деньер），1859年。

我的文具，都放在这个我度过所有时光的地方的最边上。

我在这里很好，我发现，这里不像其他地方常见的那样不利于思考。这里就像画里面优美的**背景**，在里面你可以随心所欲，它对什么都是合适的。我不想要使人看上去不好的背景，那样的背景会使我感到厌恶，它可能会将我变成病人。对我而言，不幸和生病是一回事，只要有什么事情让我感到难过，我的健康就会出问题，我就会变得百无一用。如果您认为，您的离开令我感到快乐，那您就大错特错了。善良的蒙宋夫人向您表达最热诚的祝福，她像所有认识您的人一样，真心地爱着您。路易会在我的信中给您写几行话。明天我将开始写下一封信。再见了，我亲爱的、善良的屠格涅夫，请常给我写些东西，像过去那样，每天都写。我觉得您这次的离开与我们相识之后您每次的离开一样。请坚强起来，保重身体，愿您的朋友们的回忆和眷恋与他们向上帝为您祈求的祝福一起，永远伴您左右。

波林娜·维亚尔多

7月3日

我亲爱的朋友，我不想让您在俄罗斯收到的第一封信中少了我的问候。您肯定会在彼得堡收到这封信。但是，我希望，第二封信到达时，您已经在您母亲身边，并已经开始处理您的家事了。如果您的哥哥还没有完全忘记我，请向他提起我。

您回来时，刚好会赶上打猎开始，狄安娜这小家伙会向附近所有的猎狗展示一下如何捕猎松鸡和山鹑。这是可怜的生物、真正的朋友，有一个生动的类比应该会符合您的心意。狗就像是忠诚的朋友。至于我，为了能够耐心地等到从英国脱身和我们9月的打猎，我在努力地完成我的一本书，我总是能在其中找到需要修改的地方。我希望能够在假期之前完成这本书，并在冬季期间给您寄去两卷历史书。出于对情节和作者的关心，您会读完它。您总归会有一段工作时间，来扩大您的名声。至少，请告诉我们您未来作品的题目与体裁。

再见了，无数次衷心、温柔和长久地问候您。

路易·维亚尔多

您甚至可能想象不出，您载誉回到伦敦使我有多么的高兴。您绝对是这个演出季的**明星**，我觉得我爱英国人，因为他们对您那么尊敬。我非常高兴能够在离您不知多少里约的这里，与您交谈和谈论您。我周围的所有先生都猜不到，这一刻我种下（请认为这个词是从“崇拜”一词派生出来的）了多么甜美的回忆。在船上，有个犹太人提起了您的名字。他看过您在《预言家》中的表演，觉得您特别优秀，但认为来自莱比锡的贡季（Гунди）小姐比您更好。犹太人只是觉得您还不错。不过，我十分高兴能够听到有人提您的名字。在巴黎，只要在海报上看到您的名字，我总是要停下来看完海报的内容，从来不会直接从旁边走过去。我善良的、亲爱的朋友，愿上帝保佑您，保佑您永葆青春、嗓子永远不变。您不在身边的可怜的朋友向他祈祷。

灰白色的大海十分平静。夜晚是明亮的，这是彼得堡的夏夜。

远处能看见芬兰的海岸。天空是淡白色的，这是北方。这里的海岸非常平缓。库尔塔夫聂尔的夜晚要美丽得多。好了，“山谷啊”，你想从我这儿得到什么？我知道，知道“从这里我看到了生命。”“我的心灵啊，请稍微歇息”。带着深深的忧伤和你令人激动的声音，你想从我这儿得到什么？请让我静一静，让我看一看前方，从某些时候起，你拨动的琴弦，绷得太紧了。请让它们稍事休息，不再发声。

啊！我太累了，十分的乏力，十分的疲倦。

或许，是因为我哭得太多了。这没什么，我会平静下来的。

是的，因为我想果断开始工作。终归要处理好令人讨厌的家事，这些家事紧追着我，就像刚被从蜘蛛网上救下的苍蝇翅膀上粘着的蛛丝，摆脱不掉。不管怎样，这是必须要做的，我将获得属于我的东西。我会在信中向您详细描述所有的变故。您允许我把与我有关的一切告诉您，不是吗？让您知道一切，所有我做的事、我做的决定，因我发生的事，无一例外。这样，我就好像生活在您眼前一样，想到这一点，我会十分幸福和快乐。

亲爱的、善良的维亚尔多夫人，当我让您感到厌烦时，请您告诉我。

可怜的小狄安娜已经完全被弄糊涂了。有时，它看着我的眼睛好像在对我说：“我们要去哪里啊？难道我们在那里和胖胖的苏丹在一起不好吗？”我根本没法回答它，于是，我试图安慰它。但它总是摇摇尾巴，一半出于爱意，一半出于礼貌，像个小圆球一样，自己围着自己绕起圈来。可怜的小狄安娜，我爱你，因为你善良，还因为我爱着的那双眼睛曾经注视过你、那双温柔的手曾经抚摸过你。请您也稍稍想想它，我敢肯定，这对它会有好处的。

请常常想起不在身边的人。我今天总是想起您的浪漫曲《云水间》(*Между небом и водой*)。我请求您在收到这封信时，为我唱一遍这首歌。

我十分疲惫，以至于难以入睡。我明天会在彼得堡写完这封信并给您寄走。晚安。愿您的睡梦像婴儿的睡梦一样香甜，晚安，晚安。

星期二，凌晨4点

我们终于到了，到了喀琅施塔得。然而，我们不能进城，因为雾太大。一个小时后。我只有再补充一两句的时间了。(我们马上就要出发去彼得堡了。)我希望能有机会，用把我们送到这里的那条船寄走这封信。我急着去赶这趟船。不过，我今天会在彼得堡给您写信的。再见了，无数次温柔地问候您、维亚尔多和大家。再见了。我着急走，全心全意属于您。

伊万•屠格涅夫

1850年7月9日(公历21日)，星期日，莫斯科

上午好，亲爱的、善良的维亚尔多夫人。愿上帝的所有天使每日每时每刻都保佑您！我在莫斯科[①]已经六天了，上一封告知我

①住在母亲位于奥斯托热卡的房子里。

已到达的短信之后，我还没有时间跟您哪怕说上一句话。（如您所见，这次我打算给您写封长信。）我无时无刻不在想念您，没有一夜不梦到您或你们中的某个人，每次醒来对我来讲，都有点难过。我像一株被种在黑暗中的植物，我竭尽全力伸展自己，想要见到光明，但光明却如此遥远！我们的家事，说得文艺点，开始慢慢露出曙光。看来，我母亲本人当年也感觉有必要休息一下，并最终决定给我可怜的哥哥提供一个稳固些的地位。然而，我说这个的时候是心怀忧郁的，她的话很难让人相信。对她而言，让我们独立的想法本身就难以忍受。我可以向您保证，我们之间发生的争吵有时真的很让人痛心。但我不想长时间散播这个，有什么用处呢？这事我说得太频繁了，我在这里发现的一切没有推翻我的预感。我希望您能知道我生活里发生的一切，当我每次告诉您我在这里所想的一切、与我有关的一切时，我都能感受到真正的幸福和完成义务的感觉，所以我愿意向您讲述我在这里的情况。或许，对于百忙之中的您来说，这一切都微不足道，但我不想虚伪地谦虚，我知道，您对我的好感十分强烈，能使您饶有兴趣地读完这封信。要知道这可不是妄自尊大，不是吗？

为了一开始就不同寻常和出人意料，我要告诉您我在这里找到的东西。您猜猜，我在这里找到了什么？与我长得极像的我8岁的女儿。我无法向您形容看到她时的感觉，您可以想象一下，我甚至不记得她母亲的长相了，我这样说毫不夸张，这种相似里应该是铭记着彼此之爱的，可这相似是从哪里来的呢？看着这个可怜的小东西（我请求母亲的仆人将她带到林荫路上，假装在那里与她偶然相遇），我感到我对她有一种义务，我一定会尽这种

波林娜·维亚尔多。托马斯·赖特作，1840年代。

义务，她永远也不会受穷的，我要给她尽可能好的生活。如果说我对她母亲没有，我不能说完全没有眷恋，如果说我不想稍稍了解她的情况（她还活着，但我不能下定决心去看望她），那么，我想，我对这个手足无措地站在我面前的孩子的感情，则是完全不同的。她肯定猜测过我与她之间的关系。您可以想象这次见面给我留下了多么沉痛的印象，可以想象我反复思量的一切，和我想到的一切。哦，我的天啊！现在，我感觉我十分爱这个孩子，她的小脸使我想起了我爱的母亲，这么像，为什么这么像呢？多么可笑！看着她，我仿佛看见了她这个年纪时的自己。我从她的外表中看到了自己小时候的模样，最大限度地认出了自己的脸。然而，这怎么可能呢？这一切之中有些东西不由自主地使我害怕。说实话，这好像是某种罪行，的确就是这样。在她出生时（1842年5月），给她取了一个俄罗斯名字巴拉格娅（Палагея）[佩拉格娅（Пелагея）]，通常译成波林娜。她好像十分聪颖。我母亲有段时间将她留在身边照看，在我回来之前不久，把她送了过来。对此我感到满意，因为她在我母亲家里的地位十分尴尬。请您说说您对这一切的想法，告诉我应该怎么做，我打算把她送到修道院去，让她在那里待到12岁，她将在那里接受教育。我希望您给我出个主意，我将十分幸福地照做。您就是我的北极星，您知道，水手们靠它辨认方向。它总是待在一个地方，从来不会让人迷路。请您给我出个主意，来自您的一切都充满十足的善意和真诚。我是否应该把她带到彼得堡去？她的母亲，其实不是堕落的女人，她是个女裁缝，靠自己的劳动为生。但是，她有情人，而且，天知道那都是些什么人！无论如何，我不想把孩子留给母亲，她避之唯恐不及呢。请您尽快给我回信，好让我半个月后从农村回来时，就能知道我最后应该怎样做。请求您，直接、大胆地给我友好的建议。如果可以，我愿意把我的一生都奉献给您，让您随意处置，就像您在库尔塔夫聂尔厨房旁边的房间里做馅饼、披萨时揉面那样。我用不着说出这个词，否则我还得重新开始。我可以指望您的好建议，不是吗？提前告诉您，我会盲目地照做的。我相信，我会爱上这个可怜的小女孩，就算是因为我觉得您会对她感兴趣，我也会爱上她。愿上帝保佑您，您是这世界上最高尚、最美好的人。明天见。祝您幸福，只要您幸福，其他一切都将变好。您知道吗？世界上再也没有像您这样好的人了。我一直都知道，现在比以前知道得更清楚，明天见。

星期四

哦，我亲爱的、善良的朋友，你们不知道你们的信让我多么开心！你们的信在非常糟糕的时刻到来。我千辛万苦建起的高楼再次坍塌，我开始感到绝望，认为我做不出任何决定。我的母亲不能下决心给我哥哥自由与生活。我的神经崩溃了，天知道这事什么时候、如何结束！你们亲切、宝贵的信对我产生了极好的影响，就像沙漠中的一口凉水。它使我恢复了勇气。没什么可说的，必须坚持到底。十分感谢您对您房间真实详尽的描述！我按照您的描述，将它画在纸上，然后视线就无法移开了。这张画纸就在这里，在我眼前，在您送给我的青铜首像下面，在鼻烟壶旁边。我把这些有纪念意义的珍贵物品，您看过它们，摆放在自己身边，您以为，我看着它们能无动于衷吗？同样感谢您在信中所做的其他详细描述！我逐字逐句品味这些细节，最后，我开始研究每一个字母，我嘴里说着**“字母”**，开始欣赏“d”（不顾维亚尔多的批评）、“e”、“l”等。啊！请您行行好，多给我写些信。亲吻亲爱的维亚尔多的两颊，感谢他在信中补充的几句话，告诉他，尽管我不太相信，但我还是欣然接受他的预言。假若我能在1852年（哪怕是1852年）见到您，该有多好！嗯，我们拭目以待吧。在这残忍的分别中，只有一样是好的，那就是我觉得我对您的依恋变得越来越强烈，只要有这种可能，这种依恋先前就是无边无际的，它很难再增长。

我母亲又把我在周日跟您讲过的那个孩子接到她身边去了。这让我很难过，因为她在那里的处境特别糟糕。她在那里过得像个女仆。我没想让她成为公主，但同样也，嗯，您明白我的意思。我希望她是自由的，希望她做回她自己。因为过几天我就要离开这里去农村，所以现在我什么都不能说。从农村回来后，我要采取一些措施。请不要忘记，我指望着您的意见，非常认真、严肃地指望着您的意见，请允许我这样说，我在指望您的命令。把“命令”这个词用在您身上，说出它时我的心里是甜蜜的，我将幸福地服从您的命令。因此，仁慈的夫人，请决定吧，我期待着。

昨天我给古诺写了一封信，我实在是太痛苦了，所以将所有我想说的话都对他说了出来，但是，无论如何，我想我说的话足以让他明白，我是多么真诚而不可理喻地忠实于他。请您代我向他转达这些话。别了，明天见，千万次地愿上帝保佑您。

星期五，6月26日

今天是我离开巴黎一个月的日子。仅仅一个月。可它对我来说是多么的漫长！这是我们分离的第几章，第12章？第24章？不愿意再想了。就听从上帝的安排吧。只要您幸福就好！这才是主要的。就像德国人说的，**“其它的都能找到”**。确实是这样，祝您幸福，您听见了吗？

今天的天气有点转晴了，但这太不确定。绝对不能指望天气会变好。后天，我哥哥就要去农村，我得比他晚两天走，这些都还没有最后确定。但是，总是对您说同一件事，怕您会感到厌烦。可有什么办法呢？我几乎没有时间与朋友见面，这里的朋友对我也十分热情，就像在彼得堡一样。我不看报纸，况且这里谁也没有《时代报》（*Times*）。但昨天，我还是在《辩论杂志》（*Journal des Debats*）上看到了一篇关于您的短文章。期待您的来信。它们到这里需要太长的时间了。请您继续按照我之前给您的地址写信，那是最准确的地址。我还未能开始工作，迄今为止，还没有去打猎，到农村我再好好补偿一下自己。

星期六，早上六点

一个非常温和的早晨。暖灰色的天空，我已经开着窗户睡觉好几天了。我坐在自己的桌子旁边想念你们。我的窗户对着院子，低矮的木栅栏将我的院子与另一个种满了树的院子隔开，树木中间矗立着一个低矮简陋的小教堂，白绿相间的圆顶，拜占庭风格，现在那里正响着晨祷的钟声。我在俄罗斯，库尔塔夫聂尔的杨树在哪里？云彩开始变厚、变圆。我观察它们的走向，它们慢慢地向西面飘去，它们在向你们飘去。我托它们为你们带去千万次的祝福。啊！我的朋友们，我亲爱的朋友们，我什么时候才能与你们再次相见？我觉得，远离你们的生活我过不了多久。

离开莫斯科的那一天，我会再给您写信，然后，在农村我会每天给您写信，哪怕偌大的信纸上只有一句话，我也会两周一次地寄给您。我依次握住朋友们的手，最后握住您的手，温柔地握着，亲吻着，我祈求老天保佑您，您是如此伟大、如此温顺、如此高贵。别了，别了。我的朋友们，祝你们幸福，请不要忘记我。**祝您生活幸福，亲爱的朋友，上帝保佑您**！

您的伊万·屠格涅夫

1850年8月2日，星期日，晚上，屠格涅沃

亲爱的、善良的、最美丽的朋友，现在我置身于草原上，一片荒凉。我离您如此遥远，能有多远就有多远，从所有方面看都是，因为您可以想象得到，在这里我们收不到报纸。请您拿起地图册，在俄罗斯地图上找一找从莫斯科到图拉和从图拉到奥廖尔的路，如果您在这两个城市之间找到一个名叫“切尔尼”的城市（不久还是另外一个城市，名叫“姆岑斯克”），请您想一想，我离它还有两个法国里约（10俄里）之远。我现在居住的小庄园，曾经属于我的父亲，如今，它是我在这个世界上的所有财产。在之前的最后一封信中，我对您说过我尚存一线希望，如今这最后一根希望之线还是彻底地、永远地断了。一切在我离开莫斯科的那一天就决定了。我不能把这件事情的所有细节都告诉您，您很清楚

其中的原因。尽管采取了种种预防措施、做出了种种牺牲，在这之后，两个多星期之内，我的创造力还是完全枯竭了，我不得不在失去尊严和独立与贫穷之间做出选择。您只要知道这些，就足够了。我没有太多时间考虑自己的选择，很快就离开母亲的家，放弃了她的财产。不是这样吗？我亲爱的朋友们，如果我告诉你们，我万万不能做出另外的选择时，请你们相信我。我不想指责任何人，特别是现在，但是，说实话，事情发展得太过分了，真的是十分过分。他们想要骗我的企图太明显，太容易让人看出来了，再跟你们说一遍，当前时刻我认为，如果我做出了别样的选择，那我就不值得你们尊重。当我们再次见面，当我获得这我只敢勉强幻想一下的巨大幸福时，我会把一切都讲给你们听，现在我必须沉默。幸运的是，我没有把我的哥哥也牵连到这场悲剧中来，我甚至觉得，他还会从中得到好处，对此我十分高兴，因为他是个诚实、可敬的人。他的妻子，我现在对她比以前更了解了，也是一个非常好的人。我祈祷他们幸福，他们曾受尽折磨，所以他们完全有资格获得幸福。

而现在，即使关于这事我什么也不对您说，您也能体会我再次见到我现在居住的小村庄时的感受。我曾在这里留下那么多的幸福，为了什么呢？我的朋友们，只有对你们的回忆，只有你们对我的友善之情在支撑着我，在我的悲伤的重压之下我可能崩溃，如果我没有过去，也没有未来的希望。您甚至不能想象，我有多么爱你们，带着怎样的绝望拥抱你们、亲吻你们，温柔地爱着你们，我爱你们，时刻想念你们。

我们三人，我的哥哥、嫂子和我，到这里已经第三天了。我哥

《现代人》杂志的编辑委员会成员（俄罗斯作家）集体照。上面一排：列夫·尼古拉耶维奇·托尔斯泰、德米特里·瓦西里耶维奇·格里戈罗维奇；下面一排：伊万·亚历山德罗维奇·冈察洛夫、伊万·谢尔盖耶维奇·屠格涅夫、亚历山大·瓦西里耶维奇·德鲁日宁、亚历山大·尼古拉耶维奇·奥斯特洛夫斯基。摄影师：谢尔盖·列维茨基，1856年。

哥会迁居到这里，当地主。我将在这里度过两个月，等我把自己的事情稍作安排，我就回到彼得堡去，住在那里进行我的创作。屠格涅沃庄园周围的景致很宜人。小山丘、小树林、可爱地蜿蜒流淌的小河、美丽的大片绿草地，但房子不太大，花园已经完全荒废了，什么果子都没有，几乎完全缺失被称为经营管理的东西。最后，必须要努力以最佳的方式走出这种困境。我们在这里的这两天，我的嫂子，她真不愧是德国人，已经果断地开始做事了，今天我们就已经有了厨房。在造纸厂的大厂房里给我布置了一个小房间，由于我母亲对我们的横加干涉，现在这个造纸厂已经停工了。透过窗户，我能看见河水流过的广阔草地，很多沙鸻在那里大摇大摆地走来走去，河的对岸非常陡峭，岸上有一个村庄。昨天和今天，我都去打猎了，今年野物非常少，然而我们两个人，我和我的仆人阿法纳西（Афанасий），还是逮到了3只兔子、8只松鸡、5只山鹑和1只鹌鹑。我的狄安娜创造了奇迹，它以令人赞叹的自信找到了松鸡，虽然是有生以来第一次嗅到它们的气味。我在这里发现了一条非常优秀的狗，它是我以前那只老狗拿波里（Наполь）的儿子，由阿法纳西训练出来的，名叫“阿斯特罗诺姆（Астроном）”。这一切使我想起了苏丹，想起了我们在布里打猎时的情景，想起了库尔塔夫聂尔……我的天啊！我的老天啊！我什么时候才能再次见到所有这些亲切的地方？晚安，我累了，衷心地握你们的手，千万次祈求上帝保佑你们。祝你们幸福，请给我写信。祝你们幸福。

8月4日，星期三，早晨6点

这是一个美好的清晨，空气特别好，清新、洁净得像是透明的。河对岸柳树上的每一片叶子都看得清清楚楚。在这样的天气里给您写信，想念您，我觉得很幸福。愿您的生活也像今天早晨一样喜气洋洋，甜蜜美好！我们在这里已经第五天了，这段时间里没发生什么大事，我们在安排住处，安顿自己。我的哥哥非常忙碌，他忙自己的事情，他的妻子做所有力所能及的事。要知道，您可以想象，我们入住的可是被废弃的房子。我的母亲昨天到达了她自己的庄园，距这里15俄里（3里约）。到那以后，她做的第一件事就是召回我的仆人阿法纳西，尽管她根本不需要他，她只是想剥夺我与熟悉本地情况的人一起打猎的快乐，这真是太小气了！总的来讲，我怕她来到这里给我哥哥制造麻烦。按常规，我哥哥在某种程度上还是受制于她。我们走着瞧吧。这一切都令人感到难过。由于拥有了以前从未有过的自由自在，我的哥哥和他可怜的妻子，眼看着变得活泼开朗起来。总之，还可以希望未来情况不会太糟。我的天啊！多么明媚的阳光，多么明亮的天空！俄罗斯也有这样的天气，难以置信。但就是这样。只要想想这光明需要某些令人难以察觉的瞬间，就可以从这里进入一个美妙的世界。我将我心中满满的爱，随着其中一道华美的光线送给您。我已经开始着手工作了，必须这样，现在我只能以此为生。再者，我觉得需要工作。离开莫斯科的前一天，我收到了古诺的一封非常亲切的信，信中写到很多关于您和《萨福》的细节，但我觉得，我好像已经跟您说过这个了。近几天我会给他回信。我的天啊！如果把这封信送到切尔尼去的人，能给我带回您的来信，那我该多么幸福啊！我们已经分开大半个月了，可我只收到了您的两封信。亲爱的、善良的朋友，我请求您给我写信，明天见（明天我会再写一封信）。愿上帝保佑您。吻您美丽尊贵的双手。

千万次地问候维亚尔多、乔尔里（Чорли）、马努埃尔和蒙宋夫人。别了，祝您幸福、快乐、健康。

您的伊万·屠格涅夫

通信就这样继续下去。屠格涅夫向维亚尔多夫妇讲述俄罗斯的夏天和打猎的迷人之处，详细询问他们的消息，真的是每天都给他们写信。收到法国的来信后，他会很高兴。“我看见你们所有人坐在桌子旁，你们有很多人，你们很快乐，你们热闹地聊着天……也许，你们想起了我，甚至说出了我的名字。你们那里真好。而我独坐在自己的小房间里，给你们写这封信。屋外十分寒冷，我哥哥和嫂子到姆岑斯克办事去了，我母亲今天去莫斯科了。”

屠格涅夫在俄罗斯滞留下来。同年，即1850年，他的母亲去世了，不得不处理财产的事情。他只给自己留下了斯帕斯科耶庄园，而把收入更加丰厚的其他庄园都给了哥哥。他一刻也没有打算在斯帕斯科耶常住，只想偶尔回来看看，他雇了一个管家，尽力安置好庄园里那些瓦尔瓦拉·彼得罗夫娜出于怜悯一直养着的一大群人。

波林娜与路易·维亚尔多致屠格涅夫

9月10日，星期二，库尔塔夫聂尔，大客房，11点

我亲爱的屠格涅夫，您好。您的信写得太慢了！我们每天都

在等待邮递员的到来，他每天都只会让我们空留期盼。也许，今天有信？天空令人神往。清风吹拂着树梢。三只公鸡放声高歌，其中白色的就是那只曾经常与您打架的公鸡，另外两只是它的儿子。我们目前的情况是这样，马努埃尔坐在我身边，抄写墨西哥歌曲。离他不远处，我的母亲正在织毛活。稍远一点的地方，别尔塔正用蝇头小字慢慢地写信，估计再过4个小时就能完工了。我的侄子马努埃尔[①]正在读莫里哀[②]的作品。夏尔[③]坐在小塔楼左侧的窗户旁记录乐谱。舅舅正在给路易杰塔上西班牙语课。玛丽基塔在他们旁边做针线活。古诺夫人在自己的房间里吃药。路易带着波斯塔夫和苏丹去魏亚尔了。您看，所有人都在您面前，像往常一样。只是这安逸美好的生活中没有您。请相信，您的缺席使我们心中无时无刻不感到痛苦，您的存在弥足珍贵。从早到晚，无论做什么，我们都在想念您。您了解我们所有的习惯已经7年了，这些习惯一点儿都没有改变，所以无论您在一天之中什么时候想起我们，您都会知道，我们在哪儿，我们在做什么。可怜的朋友，如果您不告诉我您的生活情况，我该如何知道您在做什么，如何追随您的目光？嗯，请给我描述一下您某一天的生活情况，那将会成为我想象的标杆。您一个人的生活不应该有太多的变化。也请您告诉我，我所有的信是否都按时寄到您那里了，根据编号不难知道这个。

星期三。您好，朋友。您3号的信件昨天下午到了。您说，

①波林娜的哥哥马努埃尔的儿子。

②莫里哀（Мольер，1622—1673），法国古典主义喜剧作家、演员、戏剧活动家，法国芭蕾舞喜剧的创始人。

③夏尔·古诺（Шарль）。

您没有收到我的信？但我的天啊，这是怎么回事？请到亚济科夫代理处索要那些信件，所有信件都应该在那里，只是，如果……不，什么要如果！

星期四早晨

我亲爱的屠格涅夫，前天晚上奥日耶（Ожье）[①]来了。古诺总是要他来修改不能与音乐相配的歌词。我们把歌剧完整地听了一遍后，发现有别的地方需要做更为实质性的修改。是这样的，要把原来的派塞阿斯（Питеас）因为害怕而颤抖，几乎很难唱完自己的那部分歌曲，改成没有任何繁文缛节就直接唱起颂酒神的歌曲，奥日耶会为其配上滑稽的歌词。两个二重唱和一个三重唱非常好。但是，整个最后一幕都应该重新改编。萨福的祝福会立即出现在法奥恩（Фаон）的诅咒之后，在他上船时就出现，轮船刚从萨福的视线中消失，她立时陷入绝望，晕倒在地。这时，一个牧羊人走过去。萨福苏醒过来后，立刻想起失去的一切，这时，她不是唱起以疯狂的号哭结尾的地狱赞歌，而是拿起竖琴，弹唱最后的绝唱，爱与绝望之歌。此处还应该有怨诉，即使不在歌词之中，歌曲本身也应有如泣如诉的风格。总之，一切都应有个要结束的样子，而不是过分拖沓。这说的是第二幕。第一幕中应该改动的是阿尔凯奥斯[②]的颂歌。除了副歌部分，别的都得改。昨晚，奥日耶写了新词，如果夏尔不想再改动的话，副歌部分是这样的：

---

①歌剧家，为古诺的歌剧《萨福》创作了歌剧脚本。

②阿尔凯奥斯（Алкей，前620—前580），古希腊抒情诗人。——译者注

起来，站起来
暴行的牺牲者们。
如果没有刀剑
那就把镣铐挥响。

他打算做的，如您所见，完全脱离了传统颂歌的固定风格（传统颂歌一幕完结时，整个终场也随之结束）。只要突出萨福颂歌的轻柔的、梦幻般的音乐就行了，这很好。除此之外，我还请求这两位诗人和音乐家为给萨福加冕的四个牧羊人所唱的四首诗加上热烈、活泼、带有间歇的节奏，以使颂歌的结尾与“感谢你，维纳斯（Венера）”区分开来。这个小小的仪式可以完成得很漂亮，在让萨福，特别是还有观众休息一下，这两段中的三重唱节奏是一样的同时，也可以成功地结束舞台表演。他们采纳了我的建议，现在奥日耶正在房间里创作限韵诗。而古诺，天还没亮时，就到布兰久罗寻找阿尔凯奥斯的新颂歌去了。可怜的人，处于极度兴奋之中，根本坐不住。他只有在工作结束之后，才能缓一口气。罗吉普兰（Рокеплан）给他的期限是到月末。无论如何，他随时都能交出乐谱，现在他手头有现成的，只是之后他还会灵感突现、对它进行改动。从伦敦回来以后，我还没发过一个音。今天我打算开始练习，因为我想让古诺在这个假期结束之前，能够听到我的角色的歌声。

在我回归歌剧之前，阿里伯尼（Альбони）夫人的《宠儿》（*Фаворитка*）唱得很成功。但她不会和我同时演唱，因为从11月

伊万·屠格涅夫在米柳京（Милютин）家的别墅里。巴登-巴登。摄影师：卡尔·韦尔青格尔。1867年。

1日起，她被聘请到马德里歌剧团去了。奥柏[1]的《神奇的孩子》（*Чудесный ребенок*）还没有准备好。亚当（Адан）曾对莫尼耶（Монье）说，这部剧没什么特别的。因此，大歌剧只能指望《胡格诺派》（*Гугеноты*）、《预言家》和《萨福》，来抵偿我冬日的开销。如果您能回信确认收到了我的每一封信，尤其是我谈到我的小佩格拉娅、我未来的女儿的那封，我会非常高兴的。

6点。是的，会加上"怨诉"，已经决定了，但限它的作用是纯粹的抒情片段，是萨福的最后一歌。她会手拿竖琴，以此对法奥恩、太阳、自己的竖琴和自己的人生说出最后一句"对不起"，然后离开，一头扎进观众席，淹没在观众感动的泪水之中。

奥日耶为格里凯利亚（Гликерия）的抒情曲创作了极其热烈的歌词。不过，古诺仍然会按自己的方式去做，而奥日耶不得不对它们进行修改。多么美好的天气啊！实在是美。午饭的第一遍铃声响了。我要去穿外出的衣服。没收到您告诉我的信之前，我是不会寄走这封信的。

续

14日，星期六，1点，大客厅

朋友，您好。我怀着能收到信的希望等待邮递员的到来，您在五天前的信中就答应要给我写这封信。我同样希望，这封信能告诉我，您已经收到我所有的去信了。请问，您没有比代理处转交更可靠的收信方式吗？也许，您没收到信是因为他们的疏忽大意。如果

---

①丹尼尔·奥柏（Обер，1782—1871），法国作曲家，法国喜剧歌剧大师、法国"大歌剧"的创始人。——译者注

我直接把信寄丘特切夫[①]先生，那怎么样呢？行吗？无论如何，请去索要我们的信件，它们应该都在同一个地方。

您瞧，自从回来之后，我没做任何事，根本什么都没有做。我就像一只蜥蜴，整天晒太阳，眼看着就变黑了，而且碰到什么就吃什么。我常常想念您。这就是我一天生活的概括。

15日，星期日，1点

我亲爱的屠格涅夫，您好。今天是一年一度的农场主例行宴会，所有的女主人都有些心神不安。玛丽基塔、妈妈和科科特都是。今天早晨，（我侄子）马努埃尔带着和他一起，把家里闹翻天的捣蛋鬼们走了。三年来，他们破坏一切的习惯一点儿都没改。（我哥哥）马努埃尔对此非常着急，他不知道怎么样才能结束这一切。这些孩子什么事都不做，还像以前一样不服管教，但他们心地还是善良的，这没什么可说的。这样的孩子应该会给父母制造许多麻烦。

我的路易杰塔基本还像原来那样。她非常聪明，但总是太固执己见。没有人能受得了她的过分严厉，我们对她的态度各不相同。顾此失彼。莱热雷（Лежере）眼看就要到了，路易想在这一页的结尾处写几句。亲爱的、善良的朋友，我向您伸出双手，我温柔地爱着您。别了，每周都要给我写信。所有人都爱您，无数次地问候您。

波林娜

① 这位丘特切夫（Тютчев）是H.H.丘特切夫（1815—1878），40年代曾参加别林斯基小组，1852—1853年他曾担任屠格涅夫的管家，和妻子长期住在斯帕斯斯科耶庄园，并不是那位著名诗人费·伊·丘特切夫（1803—1873）。——译者注

我亲爱的屠格涅夫，剩下来给我表达问候的地方不多了。我就用让狄安娜和您同样高兴的小故事来填充它。首先，我必须为我那著名的苏格兰牧羊犬恢复名誉，我想，我对您说了不少它的坏话。它的缺点和狄安娜的一样，那就是爱忌妒，但这是它唯一的缺点。其余的就都是优点了，善于寻找痕迹、嗅觉灵敏、伺伏、机敏。第一次带它去打猎，我就在它的伺伏下打到了17只山鹑。那是在新农场。现在的野物都非常聪明，除了普兰努（Плану），你在哪里也找不到它们。不过，昨天我正是从那里空手而归的，真是丢人！的确，昨天的风很大。但这不是辩解的借口（亚伯语）。邮递员已经来了，正在催我。下次见。

路易

1850年11月24日，星期五，莫斯科

亲爱的、善良的维亚尔多夫人，我来到这里已经三天了，这才勉强抽出点时间拿起笔，匆忙地给您写几句话。并不是我和哥哥要做的事情有很多。再过一周才能开始印书，但我们要商量和筹备的东西太多了。我们肩上的责任很重大。

我的母亲没有对后事做任何安排就去世了。可以说，一大群靠她养活的人变得无家可归，她该做的事我们都得去做，对逝者应该尊敬和怜惜。因此，我不再对您说别的了。因为我不能不与您分享我所感知的一切，我还是要多说一句，我的母亲在生命弥留之际，想的还只是那桩子事，就是，真的羞于启齿，要让我们，我和我的哥哥破产。所以，在写给自己管家的最后一封信中，她明确指示把所有东西都廉价卖掉，需要的话，把所有东西都烧掉，什么都不能留下。但是，没什么办法，应该忘掉一切。现在，当您，听取我忏悔的人，知道这一切时，我正努力地做到忘掉一切。但我觉得，其实她很容易就能够让我们爱她、怜惜她的。我就不跟您讲那么多别的细节了，有什么必要呢？愿她安息。

为了尽量把我们的事情安排好，我和哥哥、嫂子在这里会一直待到新年。我母亲留下的地产状况都很糟糕，十分不幸的是，今年又几乎颗粒无收。我们不得不尽可能节约开支，直到来年的8月份。我建议哥哥立即偿还母亲所有的私人债务（这笔钱很少），并用现金打赏所有的仆人。从肩上卸下这个负担后，我们的行动会更迅速、更有效。我打算6周以后回彼得堡，四月份去农村，在那里待到11月份。然后，就再说吧。您知道的，我根本不是一个能干的人。我打算把我的土地委托给我善良又可亲的朋友，丘特切夫管理。当然，我的哥哥是一个十分值得尊敬的人，我也很高兴把这一切都托付给他。但我害怕会产生误会，他是个非常节俭的人，几乎算得上吝啬，他可能会为了我舍不得花钱，无论多么必要，他永远也不可能同意卖掉任何一处地产。这就是我想尽力避免的家庭纠纷。我决定分割我们的地产，当然，具体的分割由他来进行，毫无疑问，他一定会做得比我好一千倍。无论怎样，我都将会有不少于25000法郎的收入，这可是不小的财富。我还会跟您讲这件事的，但现在请您告诉我，您和您的丈夫对我的决定有什么看法。

亲爱的、善良的朋友，我是多么的想念您！

星期日

您好，亲爱的、善良的朋友，**我最宝贵、最珍爱的朋友**。亚济科夫代理处刚刚把您珍贵又美好的信转寄给我。我跪地膜拜，感谢您的来信。小波林娜到了，您喜欢上她了，您已经爱上她了！亲爱的、亲爱的朋友，您就是天使。您信里的每一个词语都散发着难以形容的美好、亲切和温柔。那么，我怎么会不疯狂地爱上这个小女孩呢？您是那样快乐、单纯地做着善事，对您的感激之情，使人觉得自己像个孩子一样幸福。您总是助人为乐，给您提供帮助别人的机会，就好像帮了您多大的忙似的。的确，我不知道怎样说才能让您感觉到，您宝贵的来信使我多么激动和感动。我找不到合适的言语，我只能再次向您重申，我怀着敬意拜倒在您面前。祝您永远、永远快乐！神啊，这个小女孩，她是多么的幸福！要知道，她现在确实就在基督的怀抱里，俄罗斯谚语这样形容非常幸福的人，如果她不仅仅拥有智慧，那就更好了。生活在您身边的人，除非品性太坏，都会感染一些您的善良。我还是希望，这次重大的人生转折能够挽救她。请您替我亲亲她。如今，我比从前富有了，不怕负担一年1000法郎的花销了，让她学习弹钢琴吧。过十天左右，我会寄钱给您。

一想到您在她身上找到了与我相似的地方，并且这相似之处使您很高兴，我就感到非常幸福。请您给她画幅小像寄给我。再次向您重复一遍，我最终会对这个孩子无限眷恋，只要我知道您是爱她的，您在《胡格诺派》中的成功使我感到无限的欣喜，焦急地等待得知演出的细节。

星期二

我最珍贵的、最爱的、最好的朋友，上午好！吻您美丽的双手。上午好，亲爱的维亚尔多夫人。我们现在开始慢慢地厘清我们的事务。我的母亲指定她抚养的一个年轻女人继承她的5万卢布。我们急忙认了这笔账，出嫁前她将一直跟我嫂子一起生活，除了她的生活开销，我们每年还要将8%的收入支付给她。出嫁时，她会拿到这5万卢布。我母亲没有留下其他的遗嘱，但我们执行了这个遗嘱。我想，大家对我们会满意的。

亲爱的朋友，这段时间我一直都在思念着您和小波林娜。我觉得她对我弥足珍贵，因为她在您的身边。我不知道，您的信我反复看了多少遍。当您从未离开的亲切形象更加清晰地出现在我的脑海里时，我无法用言语表达我的感受。千万次祝您幸福！请给我写信详细讲讲小女孩的情况。您还像从前那样对她满意吗？列那尔（Ренар）夫人怎么说？她到巴黎，马上就一个月了。您给她取了什么姓？衷心感谢加西亚夫人与西切丝夫人对她的好。总之，你们都是天使，我疯狂地爱你们所有人。

这里的所有人都非常欢迎我，特别是可爱的谢普金（Щепкин）[①]老爷子。我不能经常去做客，可是，在这儿的一周时间里，我已经去他家和一位萨利阿斯（Салиас）伯爵夫人家做客两三次了。萨利阿斯伯爵夫人是一位迷人的女性，特别聪明、有天

① 谢普金（一译史迁普金，Михаи́л Семёнович Ще́пкин，1788—1863），俄国演员，俄国现实主义舞台艺术的奠基人，戏剧改革家，是赫尔岑、果戈理、别林斯基的朋友。——译者注

维亚尔多家在库尔塔夫聂尔的房子。波林娜·维亚尔多的画作。

赋，她虽然是一位作家，但可不是女学究。不幸的是，她病得很严重。我最近的一部作品《小酒馆里的歌手》(*Певцы в кабачке*)在这里大获成功。我要结束这封信了，这样今天就可以把它寄走。明天我会再写一封。请告诉维亚尔多(我衷心地亲吻他)，他在彼得堡送给我的蒙田的小册子，我已经反复看好几天了。替我亲吻古诺，不要忘记给我讲述有关《萨福》的事情。千万次祝福所有人，而对于您，我要向您伏地祈求。**我愿生死都在您可爱的脚下。我时刻亲吻您的双脚，愿永远做您的朋友**。

И.屠格涅夫

莫斯科，1851年1月1日(13日)，星期一

亲爱的、善良的维亚尔多夫人，**最宝贵、最心爱的女友**，上午好！如果不向我温顺、可爱的庇护者问好，不祈求上帝为她祝福，我不想开始新一年的生活。唉！难道真的这一年过去之后，我还不能有幸见到您吗？这种想法太残忍，但我必须要习惯它。

昨天晚上我是在一个朋友家度过的，当午夜的钟声响起时，您能轻易地想象得出，我在心中将祝酒词献给了谁！我的整个身心都用在了我的朋友们，亲爱的遥远的朋友们身上，愿上帝保佑他们！我的心永远和他们在一起，我能感觉得到。明天见。现在我应该去拜访几个人。我需要给您讲很多事情。我不是毫无理由地这么长时间留在莫斯科的。我使一件很困难的、微妙的事情达

到了预期的结果。关于这件事我明天会全都讲给您听。今天晚上，在索洛古勃（Соллогуб）伯爵夫人家的业余舞台上，将要上演我的一部尚未发表的喜剧。他们邀请我参加演出，我当然会拒绝。我十分害怕我会成为笑柄。我会写信告诉您，结果怎样，明天见。而现在，我最亲爱的、善良的、高尚的朋友，我想匍匐在您的脚下，亲吻您的裙边。愿上帝保佑您！

1月3日，星期三

我的喜剧好像已经是第3天大获成功了。今天它将再次上演，他们坚决邀请我参加演出。这一次，我要参加，我不想让人觉得我是一个自命不凡的人。昨天，我为我的朋友们举办了饯行宴会。我们总共有20个人。应该承认，晚会结束时，我们都兴奋不已。他们之中有位极具天赋的喜剧演员萨多夫斯基[①]先生，当听到（他）取材于农民生活的即兴对话时，我们都差点儿笑死。他拥有丰富的想象力，他的表演、语气和动作都非常真实，我几乎从未见过如此真实的表演。没有什么比成为自然的艺术更加吸引人。昨天我承诺要告诉您，为什么我留在莫斯科的时间超出了预期。下面我简短地告诉您原因，必须要让那两个不断引发纠纷的女人远离我们家。对其中一位来讲，这不难（她是个40岁的寡妇，出现在我母亲生命中的最后几个月里）。我们慷慨地给了她一大笔钱并请她另寻住处。另外一个，就是那个年轻姑娘，我

① 布罗夫·米哈伊洛维奇·萨多夫斯基（本姓叶尔米洛夫）（Пров Миха́йлович Садо́вский, настоящая фамилия Ерми́лов, 1818—1872），俄国著名演员。——译者注

母亲的养女，则是冷酷的拉法尔什（Лафарж）夫人[①]，虚伪、恶毒、狡诈、没心肝。这个小个子毒妇所做的坏事罄竹难书，无法全部讲给您听。她蒙骗了我的哥哥，哥哥天真善良地把她当作天使，她甚至卑鄙地诽谤自己的亲生父亲，当我十分偶然地发现了她的阴谋时，她承认了一切，同时态度十分嚣张、放肆、自负，使我不能不想起彬彬有礼地将奥尔贡（Оргон）赶出家门的答尔丢夫（Тартюф）[②]。不能再让她留在我们身边了，但我们也不能把她赶到大街上去，她的亲生父亲拒绝收留她（他再婚了，有个大家庭）。我们目前的处境十分困难。但幸运的是，找到了一个人，一位医生，她父亲的朋友，他同意照顾她，但事先提醒她，她将时刻被监督。我们兄弟俩给她写了一个利息6%的6万法郎的欠条，答应三年之后给她，还把母亲的全部衣服和好多其他的东西都给了她。她给我们写了收条，现在我们终于摆脱她了！啊，这真是个艰巨的任务！我不知道，她在我哥哥家时，都发生了什么。但我只知道，只有她不在这里的现在，我们才长出了一口气。17岁时的性情真是糟糕、堕落啊！她还可以做出很多事来。的确，她受到的教育很恶劣。好啦，我们不要再说她了，她现在很满足，我们也是。但我还是得向您承认，我生来做不了这样的事！处理这事时，我尽量表现得足够冷静、果断，可这却极其可怕地摧毁着我的神经。我太过习惯于与优秀、正派的人打交道了。我不惧怕仇恨，尤其不怕阴谋诡计，但它们会扰乱我的心灵。最近这两

①著名的投毒人。

②答尔丢夫（一译达尔杜弗），莫里哀名著《伪君子》的主人公。是个伪装圣洁的教会骗子，混进商人奥尔贡家，图谋勾引其妻子并夺取其家财，最后真相败露，锒铛入狱。——译者注

周，我完全无法工作，明天见。我周五会离开这里，最迟周六。请把您宝贵、善良、温柔的双手给我，我会凝视和亲吻它们，就让您造福于人的优美形象驱走我所有痛苦、不快的回忆吧。

1月5日，星期五

的确，我在第三天取得了很大的成功。演员非常糟糕，尤其是女主角切尔卡斯卡娅（Черкасская）公爵夫人。但是，这丝毫没有影响到观众们热烈鼓掌并到后台来看我，我走到后台去感谢他们。同样，我也很高兴自己参加了这场演出。我觉得，既然我的剧本在被业余爱好者歪曲了的情况下，还能获得人们的喜爱，那么，它在戏剧舞台上也会取得成功。（它将于20号在彼得堡上演，这里的公演时间是18号。）我收到了许多祝贺和赞美、恭维之词。要知道，看到自己的作品在舞台上演出是件开心的事。明天我就要走了，但走之前我会再给您写封信。我已经等不及要收到您的信。信不再给我转寄到莫斯科了，它们会在彼得堡等着我，明天见。**无数次亲吻您可爱的小脚！**

星期一

亲爱的维亚尔多夫人，天不遂人愿。我本应该在周六离开这里的，可我现在还在莫斯科。我患了咳嗽病，咳嗽不好的话，我不能出屋。我希望，过几天就能好。这种耽搁令我很不开心，但没办法，只能接受。

昨天，狄安娜产下了7只小狗崽，黄白相间，就像它自己一样，6只公的，1只母的。它的母性柔情达到十分可怕的地步，只要我一抚摸它的某1只幼崽，它会目露凶光示意我不要那么做。除我之外，甚至没有人敢靠近它。今天我把这封信给您寄出去，走之前再给您写一封。我希望能在周四写完。现在，小波林娜在巴黎已经两个多月了。她过得怎么样，是否有进步？

我相信，从在彼得堡等我的信中，我会了解她的详细情况。我相信，那里的信不会少于两封。热爱并拥抱你们所有人。对啦，我有个想法，如果我临走之前不给您写信，而是给古诺写信，怎么样呢？就这么办了。好了，彼得堡见。

您的И.屠格涅夫

“真正的拉法尔什夫人”叫瓦莲卡·波格丹诺维奇-卢托维诺娃（Варенька Богданович-Лутовинова），就是当年那个曾和屠格涅夫一起洗劫家中“食品橱”的小孩儿比比（Биби）。她很快就嫁给了叶戈里耶夫斯克的一个地主，德米特里·帕夫洛维奇·日托夫（Дмитрий Павлович Житов）并定居叶戈里耶夫斯克，在那里生活了44年。

波林娜·维亚尔多致屠格涅夫

4月27日，星期日

听着，我亲爱的屠格涅夫，没能早些给您写信，错误并不在我，而在那些自从《萨福》上演以来一直吞噬我时间的人。我们连续演出了3场，一次比一次成功。由于罗歇（Роже）结束了演出（他月末就要走了），周五我演唱了《预言家》。这是我第99次演出《预言家》，我承认，在这样的演出次数之后，作品中已经没有多少还能令我敏感的美了。随着每一次演出，我感觉到这种美越来越少。不过，让我非常吃惊的是，观众们好像并没有注意到我内心的冷淡！是啊，观众不会像演员那样严格，演员严格要求自己是有回报的。明天周一，将要进行《萨福》的第4场演出，而周三又是《预言家》！我想就我的100次演出给梅耶贝尔写封短信。我应感谢他让我连续100次当上健康白胖的孩子们的母亲！毫无疑问，您一定看过我们所有的大报上关于《萨福》的文章。柏辽兹（Берлиоз）的评价极好，咒骂中夹杂着高度的赞扬，他认为古诺在公众对音乐的评价中名列前茅。总体来讲，新闻界是非常友好的。因为您能读到我们的报纸，所以我就不给您寄去了。我给您寄了《戏剧报》（*Театральная газета*）的一篇文章，是因为那是第一篇报道。5月底，离开伦敦之前，为了推出男高音卡普伊斯（Капуис），我还得再唱两次《奥赛罗》，他应该初次扮演法奥恩。他的嗓音很优美，他本人也很好。但他总是漫不经心的，好像并不在意发展自己的才华。跟他一样的人太多了!因为秉性而使自己的天赋得不到很好的发挥，这对艺术来说，是多么不幸的事！扮演格里凯利亚的保泽（Паузо）小姐嗓音特别优美，但她对自己的嗓音利用得很差，还不如没有这么好的嗓子呢。热情上来的时候，她马上开始假唱并全力吼叫，此外，她缺少女性魅力。她没有，完全没有任何**女人味**。她身材高大，像个蜘蛛一样动作笨拙，希腊式的服装也完全不适合她。我承认，她令我感到非常失望。彩排时还好些，在舞台上的紧张使她表现得有点笨拙而放肆，令人非常不快。人们最为期待的格里凯利亚和派塞阿斯的二重唱，恰恰给大家留下了最差的印象。的确，这个二重唱两个人唱得都有点**生硬**，很容易就让高贵而虔诚的戏剧常客们感到厌恶。真见鬼，这些先生们不喜欢看到与他们本人相似的举止！而派塞阿斯-布雷蒙（Питеас-Бремон）恰恰这个部分表现得非常好。总谱中最不成功的部分，无疑就是女声二重唱。整个第一部分过于对话化、朗诵化，结尾则完全是失败的。这是整个乐谱中唯一的缺陷，因此我尽我所能去消除它，我想让古诺和奥日耶彻底修改一下这个片段。古诺打算谱写两个舞蹈式的咏叹调，在伦敦演出的时候，把它放在献花之后，第一幕的开头。这出戏中少量的芭蕾舞部分显得单调，而整场演出最差的一幕增加了这种单调的感觉，尽管这幕戏中包含着萨福演唱的“让我们去爱吧，姐妹们!”还有巫医的誓言和行板乐曲三重唱，这些美好的环节。至于第三幕，则从头至尾都是杰作。我认为，它与《奥赛罗》的第三幕很匹配！

请稍等，11点的钟声敲响了。该睡觉了。小波林娜在楼上安睡着，她刚从寄宿学校回来，就开始询问您的情况。她和路易莎玩了一整天。他们两个尽管不停地争吵，却相处得十分融洽，谁都离不开谁。

晚安，我亲爱的屠格涅夫。明天演出结束后，我才能把这封信给您寄出去。祝您好梦并千万次衷心地祝您幸福快乐。

星期三早晨

您好，朋友。为什么我没有收到您那封据说已经在路上的来信？我开始觉得您的沉默无限漫长。昨天晚上，进行了《萨福》

的第四场演出。演出非常棒，观众热烈地谈论了很长时间。终场时，像往常一样，观众要求我们返场，我们被请回舞台。第二幕给人留下了深刻的印象，特别是格里凯利亚与费特的二重唱，这回的表演要比之前好了许多，三重唱也很好，演唱之后演员被请回舞台。第三幕的演出从头到尾都很精彩。法奥恩的咏叹调、牧羊曲（应观众要求又唱了一次）以及我结尾处的赞歌都被热烈的掌声淹没。据说，我登上山崖那段引起了不小的骚动。我没有急着下台，落下的帷幕徐徐挡住我优美的姿势。又一次被请回舞台。我把竖琴留在了舞台上，对竖琴的处理有两种意见，要么把它留下，要么与它同归于尽，经过长时间的争论，最后决定把它作为一种象征留在山崖上。第三幕的布景非常漂亮，布置了高地、带有多个顶峰的山崖，一个……①

命中注定，屠格涅夫于1853年在莫斯科再次见到了波林娜，但这次约会是短暂而隐秘的。屠格涅夫因发表对果戈理的悼念文章和《猎人笔记》而被捕入狱。他被监禁大约1个月，监禁的地方没法活动，他只好每天两次从牢房的一端到另一端，来回挪动104张扑克牌（由两副牌组成）。这样，每天要走416个来回，每个来回8步，总计大约2000米。一个月后，他恢复了自由，但要软禁在家。但他还是情不自禁，飞到莫斯科去见了波林娜。

1855年冬天，再次闪现了见面的希望之光。

①此封信没有结尾。

身穿牛津大学博士服的伊万·屠格涅夫，1879年，巴黎。“我们九位新科博士，身穿红色大袍，头戴四角方帽……人山人海……同样盛装的一位博士依次把我们介绍给副校长，之前副校长已经用拉丁语盛赞了我们所有人；学生和观众们热烈鼓掌，副校长跟我们握手，同样用拉丁语对我们表示欢迎。然后，我们找到自己的位置坐下。”选自帕维尔·安年科夫的书信。

1855年2月10（22）日

亲爱的、善良的维亚尔多夫人，我回到莫斯科已经4天了。有一封您的来信在家里等着我，它让我感到十分高兴，不只是因为信里的内容，还因为它使我相信，我们的通信还会继续下去。唉！我们可怜的通信眼看着要中断了，但无论如何，上帝明鉴，我的朋友对我来讲从未如此珍贵！想到您可能已经淡忘了我，我很痛苦，所以我非常感激您信尾处温暖的话语。

愿上帝保佑您尽快摆脱感冒，恢复健康，请您告诉我有关您音乐会的消息。我现在患上了严重的流行性感冒（一半的彼得堡人和我一样），所以我知道，这是多么难以忍受。我在莫斯科待了几乎1个月，在那里度过了非常快乐的时光，认识了许多新朋友。我的脑海中有许多文学构思。但现在还顾不上文学。整个俄罗斯帝国都在征集民兵，而我们省的民兵军官选拔将在4月进行。如果能够成为其中的一员，我会毫不犹豫地投笔从戎，并尽最大可能坚决地履行自己的义务。我们的国家正面临最艰难的时刻，我们大家都要帮助它。

原谅我的这段题外话，但是，不说现在，所有俄罗斯人心心念念的事情是很难的。

您在信中绝口未提波林娜[1]的情况，我希望她健康，不是特别懒惰。万分感谢善良的维亚尔多，感谢他的亲切热情。我很抱歉，总是很晚支付生活费，但我果断决定，在没有寄出自己全年

① 屠格涅夫的私生女，他把女儿送到了法国，并在法国承认了自己是孩子的父亲。小姑娘长期居住在加西亚家里，在巴黎的寄宿学校上学，长大后嫁给了一个法国人。在俄罗斯，她一直被认为是私生女，没有继承权。

的收入之前，我是不会离开彼得堡的(大约3月末能走)。为了给孩子的未来提供保障，我在努力地工作，如果上帝给我机会，我会在一年之内做到这一点。

拉格兰什(Лагранж)夫人明年冬天好像不会到彼得堡来。人们时常说起博兹诺(Бозно)夫人。如果，但这个“如果”完全没有意义！不应该总是想一些十分快乐但虚无缥缈的事情。歌剧业非常不景气，不过，这是自然而然的，请您不要忘记您的承诺，给我讲讲您的音乐会。

您的最近一封信非常简短，而且，请原谅我的直白，非常枯燥！为什么要因为屠格涅娃(Тургенева)小姐而取笑我？您没有告诉我加西亚夫人的任何情况，请转告她，我保留着对她最温暖的回忆。代我向西切丝夫人致意，向您的哥哥问好。想想，我离开库尔塔夫聂尔时，路易莎还是个小女孩儿，现在已经长成13岁的大姑娘了！真是时光飞逝，岁月如梭啊。您会看到的，如果我回到巴黎(只要我能回到那里)，那只是为了给您小女儿的第四个孩子当教父。

您是否已将俄语忘得一干二净？

我向您提出这个问题是有原因的。我的一位朋友出版了普希金伟大著作的前两卷。我能把这些作品一字不差地背下来，但其中有一首诗，当它再次出现在我眼前时，使我产生了新的感受。如果您周围有会俄语的人，就请他翻一下这首诗。如果没有这样的人，那我就在下一封信中把我的翻译给您寄过去，(请让别人为您解释一下每个词)。

我最后一次鼓起勇气

波林娜·维亚尔多（左二坐者）在意大利歌剧团演员中间。1860年。

在心中抚摸你可爱的面庞，
把心中的梦想唤起，
怀着羞怯的温柔和忧伤
回忆你的满怀柔情。
我们的岁月在变幻，流逝，
改变着一切，也改变着我们……
你已为你所爱的诗人，
蒙上了一层坟墓的暗影，
对你来说，你的朋友已经消失。
远方的朋友啊，请接受
我心灵的告别，请你
像即将独守空房的妻子
像一个忠实的朋友那样
默默拥抱将被流放的友人。

别了，亲爱的、善良的维亚尔多夫人。祝您健康，祝您幸福，愿上帝保佑您。温柔地亲吻您宝贵的双手。

您的И.Т.[①]

①伊万·屠格涅夫的简写。——译者注

1856年6月10(22)日，斯帕斯科耶

亲爱的、善良的维亚尔多夫人，我收到了您从伦敦寄来的信，赶紧给您回信。首先，我要告诉您一个令人高兴的消息，这个消息我已经先与您的母亲分享了，彼得堡来信通知我，我的护照已经签好，没有什么可以阻止我离开了。您可以想象得到这个消息带给我的快乐。再过半个月，如果上帝给我机会，我将有幸再次见到您。我好像对您说过，离开彼得堡时，为防万一，我买了7月21日（公历8月2日）从斯德丁出发的船票。下个月10号，我会离开斯帕斯科耶，从斯德丁出发，经过柏林、布鲁塞尔和奥斯坦德到伦敦，估计8月10日到达。8月末，我会动身去巴黎，再从那儿去库尔塔夫聂尔，我们将像从前一样在那里等您。我会穿着我那件灰色的夹克衫迎接您。遗憾的是，我将不仅穿着灰色衣服，而且还将满头华发。有什么办法呢，既然我们的夏天已经过去了，那就让我们努力享受我们的秋天吧。

我十分高兴地了解到，您对自己很满意，并且在伦敦努力工作。只要想想，用不了两个月，我就能听到您的声音，（就令人无比激动）。

出发前，我想去一趟卡卢加省，尽情地打打松鸡。9月正是布里开始打猎山鹑的好时候，但愿任何事情都不要影响这美好的想法！对于未来，我变得迷信，而且十分担心，归根到底，这总比漠不关心要好。

我不想再纸上谈兵地“向您讲述我的生活”，我要当面向您讲述。总之，8月10日见！在此之前，祝您健康、幸福。千万次地问

候维亚尔多。温柔地亲吻您的双手。

您的И.屠格涅夫

附言：您是否收到了我从斯帕斯科耶寄出、信封上写有“致著名女歌唱家”的那封信？

1857年7月24日，津齐格

致维亚尔多夫人[①]

乌拉[②]！乌拉！**万岁，乌拉**！小波尔万岁！他的母亲万岁！他的父亲万岁！他的全家人万岁！太棒了！我不是跟您说过，会有好结果的，你们会有儿子的。祝贺你们，拥抱你们所有人！而现在，请您告知我（当然，是在您的身体状况允许的情况下）：

1. 详细描述小伙子的容貌，眼睛的颜色及其他。如果可以的话，用铅笔画幅小像。

2. 他已经能发出的、最容易被人理解的单词的清单。

3. 简单描述一下6月20日的情形，这是个革命性的日子，小小革命家选择出生的日子。

我有点唠叨了，但是，考虑到我这个年龄，和这个消息给我

①因为1858年6月20日，维亚尔多的儿子波尔出生。

②俄语语气词音译，表达强烈的情感，相当于“万岁”“太好了”等。——译者注

带来的喜悦之情，这是可以理解的。

邮递员收到了莱茵酒（不过不是啤酒，无论如何不可以是啤酒），为小波尔-路易-约阿希姆（Поля-Луи-Иоахим）的健康干杯，我也要为他的健康干一杯。

至于孩子母亲的健康，您瞧着吧，再过两三天，您就不想待在床上了，再过一周，如果您没有开始跳舞，那只是因为您的脑袋里（除了孩子）没有别的。

您应该感到高兴，不是吗？您贪婪地看着这个小生命，他昨天还是您身体里的一部分，今天却有了自己的生命、思想的萌芽和独有的个性，是他独有的，对这些话您别放在心上。我快变成预言家了。我在黑暗中幻想未来，1950年的《会话词典》（*Conversation' s Lexicon*）中会有下面的内容：

"维亚尔多（波尔·路易-约阿希姆），著名的……（此处我省略'身份'），生于库尔塔夫聂尔，布里，等等，著名歌唱家等等，波林娜·加西亚与天才作家、《堂吉诃德》译者的儿子。"

我就不引用整个词条了。

一旦您不觉得困难，您就会给我写上几句话，不是吗？21日清晨醒来时的感觉很甜蜜，不是吗？而小孩儿的哭声，能有与它相提并论的音乐吗？

嗯，一切都很好。明天或后天我会给您写得明白易懂些。而今天，我要再次高呼：Vivat！乌拉！前进吧，祖国之子！科隆万岁！（这种表达方式只在科隆使用，可是，我认为，它用在这里也很合适。）真主安拉（Алла）或者穆罕默德·礼萨·安拉（Резул Мохамед Алла）万岁！！

再次拥抱你们所有人，从波尔先生开始。

您永远的老朋友：И.屠格涅夫

1857年7月29日，津齐格

亲爱的维亚尔多夫人，因为津齐格的水对我害大于益，所以我决定现在就去洗海水浴，等不到满6周了。我的行动计划是这样的，明天我动身前往巴登—巴登，我约好了在那里与托尔斯泰伯爵见面，给自己买条狗（您瞧，我真是习性难改！），然后经斯特拉斯堡和巴黎，去迪耶普或者滨海布洛涅。在巴黎，我停留的时间应该恰好够听到您的消息，亲吻小波林娜并把我的新动物（狗）运送到库尔塔夫聂尔。我尽量4号之前去海边，这样我就可以有整整3周的时间。我会在巴黎给您写信，告诉您我在哪里。迪耶普，还是滨海布洛涅洗海水浴。在那之前，就不用给我写信了。如果信件寄到这里，他们会转寄给我。

我相信，你们所有人一切都好，您宝贵的新生儿也在飞速地成长。我还希望明天能收到您的来信。不管怎样，四周后再见。拥抱你们所有人，我好像看到，您已经起床了，正在院子里散步（要知道今天已经是产后第九天了）。亲吻您的双手。

永远属于您的伊万·屠格涅夫

1857年11月2日，罗马

亲爱的波利奈塔！在不觉得疲倦的、十分快乐的旅行之后，我到达这里已经三天了。我住在英国旅馆，如果你能给我往罗马（意大利）写留局待领的信，那就再好不过了。现在天气非常好，不觉得已经是11月份了。——树上几乎还挂满着树叶。请你收到我的信后，马上给我回信，告诉我维亚尔多夫人和她家人的近况。我以为到这儿以后能收到她的来信。但是，这显然不现实。请写信告诉我你的健康状况和功课情况。总之，你想到什么就告诉我什么，尽量写得清楚些。报纸上说，阿尔多（Арто）小姐被邀请演出歌剧，这是真的吗？如果你见到她，代我问候她。谢弗维尔（Шеффер）先生的身体怎么样？维亚尔多夫人要去伦敦吗？请详细回答所有这些问题，而且要尽快。

今天我会给维亚尔多夫人写信。

再见了，亲爱的女儿，好好学习。我深深地爱你，深情地吻你。

你的父亲

1857年11月21日，巴黎

亲爱的屠格涅夫，您的信让我等得好苦。我还以为，它被寄丢了。从波利奈塔那里得知，您给我写信了。哦，您可真幸福，能够在罗马的蓝天下生活！可您知道，我要去哪儿吗？去华沙！而且还是孤身一人，当然还有一个女仆。考虑到我总是被男人照顾，这难道不是一次壮举吗？

我打算在那里停留六周左右，举办几场演出和音乐会。一切就绪，连我在克列尔吉斯（Калергис）夫人家里的住处也准备好了。私下里，我们对这位女士有一定的看法。然而，这并不影响她成为国家最高高在上的女士。对我来说，能够找到一个充满友谊的栖身之处，而且还是在一个好客之家，而不是在宾馆里，已经很满意了！再过十天左右，我就要出发了。琐碎的事情太多，我都不知道从何处下手了。下一封信会更长些。要知道，你不是每天都要出远门。

您可以把信给我寄到华沙的剧院。而暂时，请接受我最友好的握手。

波林娜·维亚尔多

1858年10月11(23)日，斯帕斯科耶

我亲爱的小姑娘，你每封信的开头都是抱怨。但我向你保证，我给你写信的频率超过你的预期，否则，就是我的信到不了你那里。最后，不管是否经常，我是不是写信告诉（用的不是第三人称词尾，而是第二人称词尾）你，不要因为这个脑袋里就产生一些古怪的想法，如我把你忘了，或者是回到俄罗斯之后，我

波尔·维亚尔多——据未经证实的资料，是波林娜·维亚尔多和伊万·谢尔盖耶维奇·屠格涅夫的儿子。法国小提琴家、指挥家、作曲家。

就不再爱你了，等等。这都是胡思乱想，我已经向你证明了我爱你，将来我还要向你证明这一点。放心吧，耐心地好好学习，其余的到时候就会来的。

我十分感谢你的这封长信，尽管信里都是拼写错误，而且字体难以辨认。但我今天跟你发火不是因为这个，而完全是出于别的原因。我在你的信里发现了一些缺点，你必须要竭尽全力才能根除它们，我指的是你的怨气太大了，这会使你成为一个暴躁易怒、心怀怨恨、不知感恩的人。维亚尔多夫人忘了邀请你去散步，这有什么大不了的！难道你不觉得，她有很多操心事、烦心事，还可能有很重要的事吗？尽管她性情很稳重，但难道就不会有心情不好的时候吗？因为你不幸的怨气，其实只是病态的自尊，你已经给自己造成了，并正在为自己提前积蓄不必要的痛苦。谁给你权利让你说维亚尔多夫人好像讨厌你的？她总是像母亲一样对待你，你难道不觉得，仅是怀疑她对你有类似的感觉就是忘恩负义吗？这种自轻自贱的习惯不是别的，也是病态的自尊。我的孩子，你要克服这个令人讨厌的缺点，要相信，如果说只有极少数人是真正爱我们(并真正为我们所爱)的，那么，大多数人都愿意对不欺负和伤害别人的人抱有好感。如果你认为别人都是坏人，那就意味着你承认，自己都不觉得自己是好人。就像你自己说的，你没有任何原因就毁掉了自己在库尔塔夫聂尔的假期时光，要让这成为你的一个教训！

这就是给你的教训，太冗长了。也许，它会让你后悔那么强烈地想要收到我的信。不过，我必须要给你这个教训，我们别再谈这个了。应该告诉你，我在打猎时感染了寒热病，我已经好了，但还不能出门。再过两周左右，我就要离开斯帕斯科耶，去彼得堡过冬。在有新的安排之前，给我往下面的地址写信：俄罗斯，圣彼得堡，《现代人》杂志编辑部，转И.屠格涅夫先生。

没有必要用俄语写地址。一到彼得堡，我会马上给你写信。你所做的努力学习的承诺，使我非常高兴。努力吧，在我回到巴黎时，你要能够为我流畅地演奏贝多芬的奏鸣曲，给我写封长信而没有任何错误，重要的是，你不能再事事抱怨。到那个时候，我就会爱你！

但这并不影响现在，我非常、非常地爱你。希望你身体健康，精力充沛。紧紧地拥抱你。

永远爱你的父亲：И.屠格涅夫

圣彼得堡，1858年11月18(29)日

亲爱的、善良的维亚尔多夫人，我已经整整一辈子没有收到您的来信了。波利奈塔给我写信说您在佩斯，无论如何，我给您往那里写信。我到彼得堡已经四天了，但还没有出过房间。在路上，我患上了严重的支气管炎，现在我好些了，但还是剧烈地咳嗽。这是我的地址：圣彼得堡，大御马街，韦伯拉之家，34号。请求您给我写信。您是一个人在佩斯，还是有维亚尔多先生陪着您？您对观众是否满意？您喜欢匈牙利人吗？我对这个热情、勇敢的民族一

直怀有好感。看来，不能指望在彼得堡见到您了。大公爵夫人刚刚离开彼得堡。传闻说，华沙在等待着您，这是真的吗？您在佩斯要停留多久？这些问题对我十分重要，如果您回答它们，那您就太好心了，否则，我只能伤心地预想，我们的通信要中断相当长的时间了。尽管已经持续了这么久，还是不能让它终结。

从斯帕斯科耶出发前的几天，我给您写了一封信，希望我的信已经到了您的手中，信中我向您讲述了我时间安排的一些细节，讨论了一个令俄罗斯智者们不安的重要问题。大多数贵族反对的不是解放农奴（在这一点上所有人的观点是一致的），而是把部分土地交给他们。应该希望政府能够凭借少数人，使事情圆满收场。至于我，我尽力让提供的自由，丝毫不改变我与农民的关系。新制度从明年春天开始生效，等我们再见面时，我的身上将不再带有农奴主的标志。

我从斯帕斯科耶带来的作品（我指的是我的一部较短的长篇小说①），得到了我在当地的同仁的赞许，我高兴地看到，我没有白白浪费时间。

亲爱的女友，我焦急地等待着您的消息。请给我写信，哪怕只有三四行也行。请代我问候维亚尔多，如果他与您在一起的话。希望您一切都好，友好地紧握您的双手。

您的И.屠格涅夫

①《贵族之家》（*Дворянское гнездо*）。

1858年夏天，屠格涅夫返回俄罗斯。书信件重新开始被寄往遥远的库尔塔夫聂尔。

1859年4月12日，斯帕斯科耶

亲爱的、善良的维亚尔多夫人！我又回到了我的老巢。但我在这里只逗留3周。当我望向窗外时，这种想法使我感到宽慰。窗外的地上满是积雪和泥泞，空中下着雨，灰白、潮湿的天空就像一张白色的大床单，风在号叫，就像一个生了病的孩子，真糟糕！

不过，这种情况可能、也应该随时会改变。再过1周，或许再过五天，我们这里就会出现新叶与嫩草！但至今长有白喙的黑乌鸦、云雀和鸫鸟还没有飞来报告春天的消息。还有其他的迹象，苍蝇从休眠中醒来，麻雀叽叽喳喳地比以往叫闹得更欢，一群大雁从空中飞过，比以往更加温和的微风轻轻吹拂，柳枝上冒出的新芽飘出阵阵香气。但是，还不能脱掉皮袄、围巾和皮靴。道路难以通行，所有的河流都解冻了！在这个时候生病的人是痛苦的！对他们而言，不会有药物，也不会有医生！在这种情况下，莫里哀会说，能挽救他们的恰恰是，既没有可能去邻居家，也没有可能在自己家招待邻居！至于我，要知道，我们没有邻居。我们曾有过的唯一的邻居，善良、温和、可爱的邻居，不久前去世了。一想起这事，我就特别伤心，我能说出无数的傻话来。

沙锥鸟还没有飞来，我和我的狗焦急地等待它们的到来。我的狗布布里（是可怜的狄安娜的女儿），应该是在去年的整个冬天里研究了德国哲学，它整张脸上那深邃的目光和庄重的神情太惊人了！它能带着自己的表情，摆出莱丽娅（Лелия）[1]画像的姿势。我开始猜测您的信件不常来，或更确切地说，您的信件消失的原因。在您最后一封来信的信封上写着：大御马街，37号或7号。而之前的地址应该是：大御马街，维贝尔之家，34号。我请求您在这封信的回信中明示。**求您了**。只要您的信里有下面这些话就行：

“5月20日我将去伦敦”或是：“去巴黎”。这一点都不难，不是吗？我的房子我留在自己的名下，我有一位仆人住在那里，他会接收和保存这封信。至于我，这是我的日程表：

4月20日—5月20日

4月20日之前在斯帕斯科耶

4月20—29日，往返于斯帕斯科耶、莫斯科和彼得堡城市之间。

5月1—20日，在路上。

5月20日，到巴黎。

当然，这一切**如果上帝保佑**。

我十分想知道，您扮演的麦克白夫人（Леди Макбет）成功了吗？这是一个非常好的角色，高尚、纯朴（尽管这位女士很狡猾）、深刻，因此，这也是个难演的、几乎危险的角色，但是，诚如莎士比亚悲剧中的恺撒（Цезарь）所言（您还记得我们在库尔塔夫聂尔茂密的槐树下，读这部悲剧的情景吗？后来在马车的车厢里也读过，当时还有熟睡的罗拉，您还记得吗？）：“危险与我是同一天在同一个洞穴出生的两只狮子，但我是先出生的，并且是我们两个中的强者。”

我们是不是应该在库尔塔夫聂尔表演一下《麦克白》呢？我请

---

①一位有教养的女性，乔治·桑同名小说的女主角。

求演班科（Банко）的影子，因为没有台词。

现在，我正经受着分娩一般的痛苦，我脑海中酝酿着一部长篇小说的情节，我反复地对它进行推敲、修改。但是，到目前为止，孩子仍然不愿意出生，经过，请您查一下医学词典，看看哪种分娩方式是世界上最难受的。忍耐，孩子会出生的，无论如何，还可能是生命力顽强的。[①]

那么，您认识了特鲁别茨卡亚（Трубецкая）公爵夫人，**您对她印象如何**？[②]尽管她行为古怪，但本质上是个善良的女人，会做出少数善举的善良女人之一。

再见，我希望一个半月之内能见面。千万次地祝福维亚尔多和其他的朋友们。至于您，**我无数次地亲吻您可爱的双手**。

您的И.屠格涅夫

1859年12月30日，1860年1月11日，圣彼得堡

亲爱的、善良的维亚尔多夫人，您不常给我写信，对此我感到遗憾，但只要一想到您事务缠身，我就对您生不起气来。我注意到，报纸上都是关于《菲德里欧》（*Фиделио*）和《阿尔米达》（*Армида*）的报道。这还是您的工作！尽管我担心这份工作会使您

①指的是长篇小说《前夜》。

②此处原文为法语，用标宋字体表示，下同，不再标注。——编者注

佩拉格娅（波利奈塔）·伊万诺夫娜·屠格涅娃——伊万·谢尔盖耶维奇·屠格涅夫的女儿。摄影师：埃季因·卡尔扎（Этьен Каржа）。1870年代。

疲倦，但我衷心地对此感到高兴。您一周演唱三次，这是不是有点太多了？不过，对此您比我更清楚。波利奈塔把您所有的情况都原原本本地告诉我，为此我十分感激她。您好像发现我新年前寄给她的钱有点儿多，那是因为我那部马上就要问世的作品①，被支付了超出预期一倍的稿费，我想让波利奈塔也能从这份意外的收获中得到好处。至少，现在她还清了自己所有的小债务。我想跟您说的是，这事别说出去，以免使我感到羞愧，我把自己的小说以16000法郎的价格卖给了莫斯科《俄罗斯导报》（***Русский вестник***）的出版商（总共200页！）。很不错，不是吗？也还好！这里的《现代人》杂志出版者给我开出的价格，整整高出一倍，32000法郎！！当然，我拒绝了，因为这事已经决定了，但他整整一刻钟也不愿收起放在桌上的钱。显然，所有这一切只能证明一点，我们的国家极度缺乏文学作品，这种情况不会持续太久的。而目前少数能够写作的作家，正在从这种不完全正常的状态中谋利。再次请求您，这事你知我知就行了，我不想让人觉得我是一个爱炫耀的人。

最近一段日子我很少出门，我在写一篇关于哈姆雷特（***Гамлет***）和堂吉诃德的长篇文章，我答应十天后宣读，而且要公开宣读，在能容纳500人的付费教室里！这太可怕了，现在我不得不亲身体会一下，初次登台的那种不舒服的感觉。我不能拒绝这令人不快的义务，因为此次宣读是慈善性质的。去年我们组建了一个团体，其任务就是帮助那些贫穷的文学家与学者们，我说的这次宣读就是由该团体安排的。我稍后会为您翻译这篇文章，其

①原文此处再次提到作品《前夜》。

中认为堂吉诃德比较好(如果我没有受挫的话)。目前,我嗓子的状态多多少少还困扰着我,声音还没完全恢复(您知道我声音正常时的样子!),只要一接触新鲜空气,我就开始剧烈地咳嗽。医生建议我,一旦可能,马上离开彼得堡。很可能,我等不到5月开航就动身了。公历4月末,您会在哪里?在巴黎,还是在库尔塔夫聂尔看“千树万树梨花开”?古诺的浪漫曲中有这样的描绘,您也许不记得了。这使我想起了古诺和他的保加利亚歌曲。您听过这首曲子吗?您和他常见面吗?柏辽兹在干什么呢?我想,您能经常见到他。当我知道您爱他时,我开始试着对他产生好感。

1860年1月16(18)日

一周过去了,我非常忙碌。组织公开宣讲是件不容易的事。只要这次宣讲完成,我马上就动身去莫斯科,逗留两周左右。联系发表我的小说,然后再回来。我刚刚给维亚尔多写了一封信,随信寄去了1000法郎,就是我早前很抱歉地对他说过的、我总是拖延的生活费。亲爱的维亚尔多夫人,请答应我,一收到这封信,马上就提起笔为我写上几句话。自我最后一次见到您珍贵的笔迹,已经过去很长时间了。**劳您大驾,请您对我开开恩!**亲吻亲爱的孩子们,衷心地紧握您的手。**愿上帝保佑您幸福平安。至于爱情留给谁——您知道。**

您的伊万·屠格涅夫

附言："出发前，我会告诉您我的'**艺术公开课**'的情况。"

1862年，维亚尔多一家在巴登—巴登租了一座房子。他们喜欢疗养式的生活，这里有热爱音乐与娱乐消遣的人们，但没有首都的喧嚣。于是，维亚尔多一家在巴登买了一栋别墅。屠格涅夫在旁边建了自己的房子。

1862年6月6日（18）日，斯帕斯科耶

亲爱的、善良的维亚尔多夫人，昨天晚上我回到家里时，看见桌上放着两封信，真不知该如何感激您。我觉得阳光照亮了我的老巢。再次感谢您，我想，您看到我这么快乐一定会很高兴。然而，其中一封信的一半内容都是在批评我，我确实该批，因为说的是我离开巴黎的事情。[①]当时我想，最好还是不告诉您，我还要和我的胖同胞[②]多逗留一天。因为我知道，我很晚才能赶回来，而且第二天早上6点就得离开。好吧，为此我已经受到了惩罚，但这不妨碍我请求您别因为我故意犯错而生气。我向您保证，再也不会发生这样的事了。

最亲爱的女友，巴登—巴登的生活合您的心意，对此我很高

①这件事发生在1862年6月初。

②尼古拉·弗拉基米罗维奇·哈内科夫（Николай Владимирович Ханыков，1822—1878），俄国著名的东方学者。

兴。我相信，您和您的孩子在那里各方面都会很好（附上我给季季（Диди）[①]的回信）。无须告诉您，我在这里待的时间会最大限度地缩短，**如果上帝保佑**，您可以期待我8月末回去。

我发现家里的人都很健康，为了做一些必要的安排，我叔叔去了我的一个庄园，后天他会回来。

情况不坏，丰收在望。而彼得堡的情况很严重。那里，由于疯狂地散布传单和明显是有预谋的火灾，全城陷入了真正的恐慌，但依我看，将火灾与这些传单联系起来是错误的。应该希望皇帝能保持足够的冷静，不要接受促使他作出回应的人们的意见。老百姓将火灾归咎于学生们和先生们，也就是贵族们，但这是相当危险的，现在皇帝是我们最后的指望了。[②]

但是，让我们别再谈政治了。奇好的天气已经持续好几天了，斯帕斯科耶的花园已经完全披上了绿装。我觉得这还是不能与巴登—巴登相比。夜莺已经不唱歌了，打猎还没有开始。我觉得我在这里只是暂时的，这想法影响了我的工作，也就是写作。我最近的一部长篇小说[③]由于是在这个时期创作的，所以引起了很大的争议。小说的男主人公是一个持有进步观点的年轻人，我试图表

---

①克洛季（Клоди），波林娜的女儿。

②1862年5月份的火灾导致了严重的旱灾。然而整个城市都在流传着蓄意纵火的谣言，市民们认为这事儿是“激进分子”“大学生”和“波兰人”干的。虽然未能发现任何一名“预谋犯”，但当局还是针对民主组织采取了一系列的反制措施：5月关闭了尼古拉·亚历山德罗维奇·谢尔诺-索罗维耶维奇（Н. А. Серно-Соловьевич）的书店，6月停办了国际象棋俱乐部，《现代人》和《俄罗斯语言》杂志均被停刊。8个月内，星期日业余学校的大批教师被捕，学校也被关闭。7月，德米特里·伊万诺维奇·皮萨列夫（Д. И. Писарев）、尼古拉·加夫里洛维奇·车尔尼雪夫斯基（Н. Г. Чернышевский）、谢尔诺-索罗维耶维奇（Серно-Соловьевич）以及其他的一大批“不可靠的”文学家们和学生运动参与者们都被逮捕。

③指的是《父与子》。

现两代人之间的冲突，并置身于他们残酷斗争的中心。应该承认，赞誉和指责纷至沓来。有时，我都不知道该听谁的。一方面，对我的恭维之词使我痛苦；另一方面，尖锐的批评却使我感到快乐。大部分年轻人都很愤怒地反对我，他们就像漂亮女人一样，希望被认为从头到脚都是迷人的。但这会得到完美解决的。请您用冬天的时间读完这部小说，然后把您的意见告诉我。对您的意见，至少我不会反对。

像从前一样，您的照片就是我的幸福。如果可能的话，请给我寄一张季季的照片。我做了件蠢事，没有随身带着它（她），季季还是照片？这个小生命有支配我命运的权利，她还没有意识到。我不敢说我要亲吻她的小手，但我会这样做。至于您，则完全是另一回事了，我不但要这样说，还要这样做。请照顾好自己，保重身体，那样我才能看到你们大家（一个都不能少）都健康丰满、气色红润。我在莫斯科给维亚尔多写了一封信，并给他寄去了200法郎。他收到了吗？请向他和其他人转达我无尽的问候。祝您非常、非常、非常幸福，再见。愿上帝保佑您，再次感谢您。

您的И.屠格涅夫

附言：我答应您，经常给您写信，哪怕一周一次。您是否读过卡莱尔[①]（Карлейляп）的《英雄》（Герои）、麦考莱[②]（Маколей）

①英国作家、历史学家、哲学家托马斯·卡莱尔（1795—1881），《英雄》指的是其著名的散文作品《论英雄、英雄崇拜和历史上的英雄业绩》。——译者注

②英国历史学家、政治家麦考莱（1800—1859）。——译者注

波林娜·维亚尔多。版画。1848年。

的《随笔》（Очерк）、菲尔丁[1]（Филдинг）的《汤姆·琼斯》（Тома Джонс）？我强烈向您推荐贝尔纳德·科特（Бернард Котт）的带插图的地质学著作。下封信中，我会再给您推荐一些书。**哦，您对我来讲，是多么美好、多么喜爱、多么珍贵！**

1862年7月10(22)日，斯帕斯科耶

我亲爱的小宝贝季季，我等不及要回复你这封满是可爱图画的信。我把这些画给现在斯帕斯科耶的费特先生看了，他无论如何不肯相信，你才只有十岁！我希望我能快点回到巴登—巴登，你已经那么好地描绘了我回去的情景，也许，到时候不会有那么奢华的场景，但是，肯定会有这么多的拥抱和快乐的表示。

只是，你们所有人都必须健健康康的，从你妈妈开始，要知道，如果我看到她一瘸一拐，我会放声大哭的。我看得出来，你们在巴登—巴登玩得很开心，至于我，我现在却是十分可怜。我去100公里以外的地方打猎，但一无所获，而各种坏事却找上了我。跳蚤咬我、太阳烤我、大雨浇我、饥饿折磨我，因此，这就是我现在最真实的写照：

① 英国伟大的小说家、剧作家，英国现实主义小说的奠基人亨利·菲尔丁（1707—1754）。《汤姆·琼斯》是他的一部著名长篇小说，也是菲尔丁的代表作。——译者注

怎么样，想不想要这个样子的堂吉诃德做你未来的丈夫？

但是，无论如何，这个堂吉诃德疯狂地爱着你，拥抱你，给你力量，对你说：期待很快会见面。

你的И.屠格涅夫

附言：请代我亲吻：1. 路易莎；2. 茹丽耶娜（Жюльена）；3. 玛丽安娜；4. 波尔；5. 镜子中的你；6. 弗拉姆巴（Фламбо）。

波林娜·维亚尔多致屠格涅夫

1862年8月初，巴登—巴登

亲爱的屠格涅夫，终于得到了您的消息，我们大家都很高兴。

这封信为什么在路上耽搁了那么久？两周的时间！这可真是太可怕了！29号早上，茹丽耶娜收到了奥尔洛娃（Орлова）公爵夫人的来信，信中说马尔科维奇（Маркович）夫人要来贝尔方丹了，还说收到了您的一封长信。要么大概是邮班到达巴黎要比到达巴登快，要么就是，跟我们比起来，您更愿意给那个胖胖的小俄罗斯女人[①]写信。我承认，我有点失态。但必须原谅我的喜怒无常，因为我几乎有两周一动不能动了，由于跌倒，我居然用左脚的鞋跟严重地伤到了右脚踝。由于这个外伤，我的脚肿了，还结了小块硬痂，导致伤口无法愈合。所有的这些，再加上腰痛，将我牢牢地困在了床上。医生今天应该会给我带来一种强效药膏，试着除掉这讨厌的硬痂。但这个药膏最快也得四天之后才开始起效。在此之前，我必须待在床上。很可能，我最快也要再过两周才可以下地走路。但不要太心疼我，这里的人都特别溺爱我——我们在这里认识的尼曼夫人（Ниман）［玛利亚·赛巴赫（Мария Зеебах）］对我非常好。昨天，她给我讲了格列特亨（Гретхен）[②]的故事，而她本人的表现，几乎就是一个完美的格列特亨。这是个十分有天赋，并且充满魅力的女人，她很有歌剧天赋，我感觉我会深深地爱上她。她能令人赞赏地表演一些小型喜剧诗歌。今天她应该很快就会到。我的病床变成了正对舞台的包厢，我在床上欣赏优秀的作品，体会一个个美妙的瞬间。费尔德（Ферд）在这里。吉列尔（Гиллер）经常为我表演。您看，在这种情况下，许多人都会忌妒我的脚和我的腰。我不得不赶

①波林娜指的是屠格涅夫曾庇护过的马尔科·沃夫乔克（Марко Вовчок）。

②《浮士德》（*Фауст*）中一个人物，来自民间的普通女孩，具备爱心女子的所有品质，接受生活的本来面目。郭沫若译为“甘泪卿”，现一般通译为“玛甘泪”。——译者注

紧结束这封信并躺好。我起身很难。请尽快给我回信，如果您有这个意愿的话。无论如何，不要忘记我。

致以一千次最热情的问候。

波林娜

19 世纪 60 年代，屠格涅夫数次出国与维亚尔多见面。他为波林娜写诗，波林娜为诗歌谱曲，使其成为浪漫曲并进行表演。1864 年，屠格涅夫在彼得堡编辑出版了名为《普希金、费特与屠格涅夫的 12 个诗歌浪漫曲，弗·博登斯泰德（Ф. Боденштед）翻译，波林娜·维亚尔多作曲》（12 *романсов на стихи Пушкина, Фета и Тургенева, переведенные Ф. Боденштедом и положенные на музыку П. Виардо*）的专辑。1865 年，增加了 10 首浪漫曲的专辑第二版，在彼得堡和莱比锡问世。屠格涅夫骄傲地告诉波林娜："我希望，音乐专辑的事情也能够进展得非常顺利。鲁宾斯坦已经高兴地开始做这件事了，他表演了 15 首乐曲，对所有的曲目都很满意，而且其中几首给他留下了深刻的印象，他特别赞赏的是《耳语》（*Шепот*），《寂静的夜》（*Тихая ночь*），《小花》（*Цветок*），《我的声音》（*Мой голос*），《摇篮曲》（*Колыбельная песня*），《两朵玫瑰》（*Две розы*）。他答应明天带我去见他的出版人，我们马上就要开始全力工作了。"

1865年6月，斯帕斯科耶

风在怒号，倾盆大雨夹杂着冰雹敲打着窗户，天空一片昏暗，阴云密布，树木像着了魔似的来回晃动，温度计显示现在是4℃（这可是中午！），房间里寒冷潮湿，风一阵阵吹过，乌鸦惊恐不安，痛苦凄凉地呱呱叫着。费特[1]裹紧柔软的冬季皮衣，刚坐上马车离开这里。拉着费特的马都冻得瑟瑟发抖，毛发直竖。迎面来的农民们都穿着羊皮袄，他们头上的大毛皮帽子一直拉到被风吹卷、像毛茸茸的公鸡尾巴一样的胡子上，苍蝇，我说的是什么东西啊！今年仅有的两只快要冻死的苍蝇，刚刚落在胳膊上，发霉的东西和放了很长时间的蘑菇，发出一股难闻的气味，一下子钻进骨髓。双腿酸痛，肚子咕噜噜地叫，这就是我目前身在“亲爱的故乡”的真实写照。您可以想象得到，所有这一切使我多么想念我可爱又迷人的巴登—巴登！我认为我现在就像待在检疫所似的（检疫大概持续6周），想到一半的期限已经过去了，我略觉欣慰。忍耐！忍耐！

费特在斯帕斯科耶待了差不多两天，最后我们就像在库尔塔夫聂尔一样大喊大叫，大声歌唱。我衷心地爱这个有本事让我放纵自己的人。但一切都以大笑结束了，我们不由得想起了一段著名的舞台情节和加西亚夫人的话：“他们杀死了对方！”他请求我向您转达虔敬的问候，他甚至尝试为您的乐曲创作诗歌，但这次他的缪斯疏忽大意了。他给我讲述了鲍特金[2]离奇的往事，他收留了后者，但后者正在严重地破坏他的生活。要是那家伙能在遗嘱中提到他就好了！费特打算明年去巴登—巴登，房子的画像在这里

① 费特（1820—1892），俄国唯美主义诗歌的代表，屠格涅夫的朋友，列夫·托尔斯泰的挚交。——译者注

② 鲍特金（Боткин，1812—1869），俄国批评家，唯美主义理论家。——译者注

引起了热烈的赞叹。(我刚刚去拿了一条毛毯，用它裹住膝盖……对啦！我忘了说主要的，生炉子了!)

选举延期到8月，我感到很可惜，因为我很想参加第一次社会生活分权制度的试验。

今天我给您寄去我的一位哲学家朋友的照片。请您画一下他面部的素描。他有一个特点，每说一个词，后面都带上:“嗯，嗯，嗯嗯嗯”。我相信，佩尔涅茨(Пельниц)小姐能猜出他裤腿的颜色。

对画面还有一个补充:布布里在自己的小窝儿里酣睡，我从未看过哪只狗这样酣睡，而一只肥胖的交趾公鸡在窗下打鸣，声音极低而且沙哑。但这是怎么回事？响起了打鼾声！又来了！这是我那个伤风的仆人发出的声音。

6月13(25)日，星期日

上天好像垂怜我们了。今天的天气还不错，我们不再冷得发抖，在那边的高处能看到一抹天蓝。但是，这永远的“但是”！我没有收到信！今天没有理由等信，既然我在周四收到了一封。但人就是这样的。我希望明天能收到通知我期票寄出的信件。

亲爱的维亚尔多夫人，您难以相信，现今俄罗斯文学处于怎样一种可怜的境地！我翻阅了12卷(杂志)，什么都没有！什么都没有！都是些说得嘴角冒沫的平淡无味、肮脏龌龊的骂人话，还有好像不过大脑的废话、空话，压根儿没有新天才的影子，是真正的荒漠！对文学的兴趣可能会永远失去。一个尊重自己的人是不会参与这种充斥着用肮脏之手打耳光的混战的。我比以往更坚决地抄起双手，因为我的懒惰是完全有理由的。你们尽管嘲笑吧，先生们！

我们刚刚进行了非常温馨的家庭散步。难道夏天真的开始了？

期待很快见面，**最亲爱的女友**。拥抱维亚尔多和其他所有人，匍匐在您脚下。

您的伊万·屠格涅夫

1865年7月8日，巴登—巴登

我亲爱的屠格涅夫，您28号写的那封信今天还没到。我希望，它是在路上耽搁了！我发现，我的信寄到您那里也很慢。它们在哪儿滞留了呢？事实上，想想信件离开写信人之手后经历的各种险情，心里不觉一阵发紧，因而在读着如此焦急等来的信时，已经几乎感觉不到快乐了。在彼得堡的法国酒店，您会找到两封短信。我不知道这封信是否会准时送达，但我还是要写，随它去吧。如果您17号到达，会有人在奥斯接您。嗯，您自己看吧。只不过要提前告诉我，别制造惊喜，别让我失去提前等您的喜悦。

前天晚上，大公爵的母亲去世了。康维尔萨茨一周之内不会举行音乐会。我们取消了明天的早场演出。

鲁宾斯坦的哥哥来了。但我还没有见过他，罗森海姆（Розенгейм）一家和舒曼（Шуман）夫人在陪着他。

波林娜·维亚尔多。谢尔盖·列维茨基对印版照片的临摹。1853年。

我非常喜欢您在信中对你们那里冬天的描述。尼古拉，我想给您详细描述下我们正在享受的令人窒息的闷热，但你是描绘不出来的。家里所有东西都是封闭的，包括窗户和护板。我们唯一能做的就是喝水，喝水，喝水，但仍然热得难受。阳光刺眼，随时放射出灼人的热流，像暴怒的提坦巨人呼出的气息，打在脸上。但是，夜晚非常宜人。夜莺歌唱，它的每场演出都可值20法郎，它用自己优美的歌声，使我们眼中这一神奇地区的美景变得生动起来。夜晚，（我们分开时，大约是子夜时分）我在花园里散步，鸭子们还睁大着眼睛，在水面上浮动。我的靠近吓到了它们。一只大青蛙跳进水里。有个大一号的东西在我的裙边微微颤动，我以为是只雏鸟，就弯下腰、伸出手，结果却发现那是只令人恶心的大蟾蜍。我直起腰，看到了眼前一动不动、活像个标本的佩加斯（Пэгаз）[1]，月光直接照在它的眼睛上，但它的眼睛看起来更绿了。我们默默地对视了很长时间……

我一动不动地站立，
凝视着佩加斯

我召唤它，它不高兴似的呼噜起来，于是我不再出声。有趣的生物！它用威胁的目光盯着我们所有人，好像怀疑是我们强制您消失的。所以，它对您的到来一定会很开心！站在它的角度想，我因它高兴而**高兴**，忠诚的生物！我的雕花写字台放在它该

①屠格涅夫的狗。

在的地方，它做得相当成功，看起来很漂亮。我要果断地把方形钢琴搬到儿童房，再把我的立式小钢琴搬回来，放在原处。我无法用这个把自己内心里的一切都展现出来的大乐器进行创作。不不，我还是更喜欢我那个难看的破家伙，它占地方很小，且恰恰因为声音很小，而不能不使人产生演奏的欲望。

此外，我一次也没进过大客房，没注意到方形钢琴所占的空间。它放在我的房间里显得很不协调，造成一种疲惫感，让人难以适应。

波梅在等着您，他想要拜访您。昨天，每年一度的德国旅行归来的福蒂埃（Фавтье）夫人路过了巴登—巴登。他们[①]希望您能在“洗礼宴”之前到达。再见，再见。一想到“再见”，就无比幸福！

慢慢长大的孩子们越来越让人操心。1865年，波林娜·屠格涅娃于鲁日曼结婚，嫁给了一位玻璃厂厂长加斯东·布吕埃尔（Гастон Брюэр）（1835—1885），后来与他生了两个孩子。她的家庭生活很不成功，19世纪70年代末期，她离开丈夫，迁居瑞士。

1868年，被屠格涅夫称作“尽管不是俄罗斯的，却纯净得像虚无缥缈的水”的路易莎与丈夫离婚，带着4岁的儿子去了布鲁塞尔。当时，她的女友、俄罗斯公使尼·阿·奥尔洛夫（Н. А. Орлов）的妻子叶·尼·奥尔洛娃（Е. Т. Орлова）公爵夫人正住在那里。

---

① “他们”指屠格涅夫与波林娜共同、不久前刚刚结为夫妇的两位朋友。

波林娜·维亚尔多致屠格涅夫

1868年3月17(29)日，巴登—巴登

3月29日，巴登—巴登。

我亲爱的屠格涅夫，我今天早晨给您写信，只是为了让您明天一回到巴黎就能得到我们的消息。路易的状态大致还像以往一样，时好时坏。恐怕只有好天气才能使他完全康复。大家说想要在5月初把他送到埃姆斯去。

路易莎又故态复萌。下个月8号，她想带着小卢卢（Лулу）去布鲁塞尔。可怜的孩子！天知道，我们是否还会见到他！他将和他温柔的母亲远离我们，一想到这，就会难过、担忧。我知道，杰米托娃（Демидова）夫人还是会以节约和巴登的空气不适合她为借口去布鲁塞尔，我想知道，路易莎要编什么样的谎言，才能在奥尔洛娃公爵夫人面前，合理解释自己离开父母远行的原因。

昨天我们去看了施伟格尔特家具，因为家具都摞在一起，我只看清了一个沙发，并有幸与一位荷兰美女一起坐在这张沙发上。但我还是给安士杰特（Анштетт）夫人的女仆推荐了一些东西。例如，我挑选了两盏漂亮的带反光罩、适合舞台照明的灯。如果您有时间的话，请给我买四分之一磅的金色亮片，也要其他不同颜色的，它们要用于不同的服装。

我想尝试用法语教拜奥兹（Байодз）小姐一首咏叹调，以此确定她能否临时表演公主这个角色。

我想，可以从服饰用品商那里买到亮片，冉娜（Жанна）会告诉您的。

很想知道，小波林娜今天是否如愿把您带到教堂去了，整整一个小时观察各种类型的工厂工人，这对您来说也不算是最难的事吧？

昨天您是否抽出时间写信了？很快我们就知道了。

再见了，亲爱的屠格涅夫，衷心地握紧您的手。

波林娜·维亚尔多

附言：请您认真记下您花费在我们身上的一切。如果上帝保佑，很快就要见面了。

1869年，由屠格涅夫创作脚本、波林娜·维亚尔多出演的轻歌剧《最后的巫师》（*Последний колдун*）在魏玛剧场大获成功。对此，屠格涅夫非常高兴地写道："对于维亚尔多夫人来说，这可能会成为新事业的开端。"维亚尔多的大女儿路易莎也参与了歌剧音乐的创作。

波林娜·维亚尔多致屠格涅夫

1869年2月14日，艾尔堡，魏玛，晚上10点

我亲爱的屠格涅夫，我终于能有点空闲时间来给您写信了，我向您保证，我过着非常紧张的生活。我就不再复述昨天的事情了，我相信他们已经给您读了我的信。我只补充一点，吃晚饭时大公总是提起您，他十分欣赏您的作品。他读过《烟》（*Дым*）和

《队长》(*Бригадир*)，饶有兴趣地打听您现在在创作什么作品。《克拉卡米莎》(*Кракамиша*)[①]的脚本被认为天真烂漫、具有独创性、诗意性和富有法国精神(难道还可能成为更伟大的公爵?!!)，如果可能的话(大公爵之言)，这加深了他对您的敬意(多幸福!)。如果您那俄罗斯诗人的自尊心还没有得到满足，那我就不知道您还需要什么了！不，事实上，我们的轻歌剧取得了圆满的成功。我朗诵得好像非常好，温和的霍姆森体。常常发笑，我竭力模仿我的伟大解释者们。整个社会对演出的态度是非常赞许的。大公爵希望能制作几种漂亮的舞台布景，让小精灵们扮成带翅膀的小花，而精灵女王每次都以不同的方式出场。有时在枝头上，有时在树洞里，就是说，每一次的出场都要出人意料，大公还要求一定要有芭蕾舞，他希望，在把克拉克赶回去之后，小精灵们能跳芭蕾舞。这个可以做到。需要一首小序曲和克拉卡米莎与施特拉(Стелла)的二重唱，这又是一项工作。凯尔纳(Кельнер)告诉我，这封信今天还能寄出去，所以我尽快对您讲讲今天的事情。1点半时，宫廷马车来接我了。在城堡里，我看见了一个由40人组成的上流社会群体，都是业余爱好者，其中包括大公夫人，当然，还有李斯特[②]。我演唱了《阿尔米达》(*Армида*)和《麦克白》(*Макбет*)中的各一场。大公夫人点了一首安达卢西亚歌曲、《**水草根女妖**》、《**谜**》、《**林中对话**》和两首肖邦的马祖卡舞曲。似乎，所有人都很着迷(又是霍姆森体)。李斯特赞叹道："您依然是

---

①波林娜在《最后的巫师》中所扮演的主角的名字，她以此来代替剧名。

②弗朗茨·李斯特(Лист, 1811—1886)，匈牙利著名的作曲家、钢琴家、指挥家，伟大的浪漫主义音乐大师。——译者注

巴登—巴登。伊万·谢尔盖耶维奇·屠格涅夫特别喜欢的城市。“来巴登—巴登吧，这里的山谷和山上长着我一生中见过的最漂亮的树木。每一棵树都强健、年轻、充满诗意、令人鼓舞。它令人赏心悦目。当你坐在这参天大树的脚下，你会感觉到，它的汁液慢慢渗入到你的身体里，这会使你身体健康，精力充沛。来巴登—巴登吧，哪怕只能停留几天。您一定能从巴登—巴登带走一些新的色彩，加入到自己的调色板中。”引自致居斯塔夫·福楼拜[①]的信。

---

①居斯塔夫·福楼拜(Гюстав Флобер, 1821—1880)，法国著名小说家，莫泊桑的老师，代表作品有长篇小说《包法利夫人》《情感教育》等。——译者注

天字第一号”。不计其数的客气话、恭维话、好听话、微笑，溢美之词。

3点钟，我和李斯特、拉辛、多姆，还有德·洛延（де Лоен）夫人一起在梅里安家吃了午饭。午饭后我们在离舞台最近的包厢内听了《奥别龙》（*Оберон*），下面是小结：乐队很好，合唱团十分不错，女演员们很可爱，编排得也很好。服装精美。歌手们：男高音不好，男中音米尔德（Мильде）非常不错。如果将两个咏叹调移调，那么唱高音的男歌唱家，就能非常好地演绎列里奥（Лелио）了。后天，我得去听赖斯小姐的演唱，有人向我推荐她来扮演施特拉，如果我看中她的话，还有两位可爱的女性扮演精灵女王和韦尔比娜（Вербена）。这一切都可以很完美，包括施特拉。但一定要让波尔赶紧把他已经完成的部分寄过来。这里的人希望我能把现场的工作资料留给他们。大公请求我后天接待他。今天他在莱比锡观看了早场戏，演的是由劳伯（Лауб）完成的、席勒[①]（Шиллер）的《德米特里》（*Димитрий*）。我请求您，让玛丽安娜从绿色的公文包里找到每个角色要演唱的完整的咏叹调，马上把它们寄到我这里。请告诉我您家里的消息。需要提前告知林德涅尔（Линднер）和杰卡（Дека），周三的晚会取消了。明天请您听一听费赫特曼（Фехтман）小姐的演唱。晚安，亲爱的屠格涅夫，像往常一样握您的手。

您的朋友：波林娜

---

①弗里德里希·冯·席勒（（1759—1805），德国著名诗人、作家、哲学家、历史学家和剧作家，《德米特里》（全名应为《德米特里乌斯》）是他未完成的一部剧作。——译者注

给克洛季、玛丽安娜和波尔·维亚尔多的信

1865年6月21日(7月3日),斯帕斯科耶

季季、玛丽安娜和波尔,我亲爱的朋友们!

万亿次地感谢你们可爱、美好的书信,而且我可以向你们保证,我想看见你们那可爱的小脸的愿望,要比你们想看见我的愿望更强烈。更何况你们和爸爸妈妈一起,待在一个那么美丽的地方。而我几乎只身一人,又在如此荒凉的地方!看看吧,这就是俄罗斯的风景。

你们在房子旁边看见的那只狗在号叫,它又冷又难过。这是我到达那天的画像(图1)。

过了两周,我在回到巴登—巴登的想法中稍微振作起来,变成了这个样子(图2)。正如你们看到的,这已经好多了,但还不算特别好。

现在,当我知道用不了两周的时间,上帝就会让我再次看见你们,我已经是这个样子了(图3)。而当我到达巴登—巴登火车站,在圆形站台上看见几个我衷心喜爱的小鬼的身影时,我会是这个样子的(图4)。我不会变漂亮,但会非常幸福,你们也一样,不是吗?

图1

图2

图3

图4

而现在，克洛季，我准许你给我的狗①取名为狄安娜，请你好好照看它。我希望，当我回来时，你们三个人能为我举行一场有乐器演奏、有歌唱的华美音乐会，我紧紧地、紧紧地拥抱你们三个。感谢阿恩霍丽特（Арнхольт）小姐对我的美好回忆，衷心地握她的手，同样地，还有贝尔塔小姐。好了，期待很快见面！

你们的老朋友И.屠格涅夫

波林娜·维亚尔多致屠格涅夫

1869年2月4日（公历16日），魏玛

我亲爱的、善良的朋友，今天早上，您的电报对我起到了十分良好的作用。昨天我非常担心您焦急等待的我那封信被弄丢了，所以情绪也很激动。这封让人高兴的电报送达时，他们正好告诉我大公②来了。这时间赶得简直不能再巧了。他在钟声第3次敲响时

①佩加斯的女儿。

②卡尔·奥古斯特·魏玛斯基（Карл Август Веймарский，1844—1894）。

出现，彬彬有礼。他对我说了一堆恭维话，与我善良的奥古斯塔（Августа）[①]一样的风格，大公与她太像了。他感谢我为他姐姐做的好事。“您难以想象，您是她生命中最明亮的一个车站”（毫无疑问，他想说的是另外一个词，却发成了“车站”这个音）。他的脸看上去粗鲁无礼，难以捉摸，但是……**只要内心不阴暗就好**。

他说，他十分欣赏我、我的事业和我为自己创造的生活。他还谈到了可能要上演的康森季乌斯（Консентиус）的剧本。我们交谈了很长时间，谈到了李斯特、瓦格纳[②]（Вагнер）、理想和教育。在热烈交谈近5刻钟之后，他向我伸出手说：“我要握住您的手，您是我的朋友，真诚而忠实的朋友”。**我的爱，你还有什么需要的呢？**[③]

好吧，我们根据具体情况再看。而现在可怜的康森季乌斯获得了第一。一向如此。李斯特今天没有来。早晨他晕倒了，还有面部神经痛。大公走后，有两位非常可爱、热情的贵妇来看我。她们请求允许热烈地亲吻我！后来塔尔诺夫斯基（Тарновский）伯爵和多姆也来了。多姆送我去了剧院，把我送到德·洛延先生的包厢。德·什利艾尼茨（де Шляйниц）夫人也来了。听到《罗恩格林》（*Лоэнгрин*）时，我一下就想起了季季和玛丽安娜！我比在巴登—巴登时更喜欢这部作品了。赖斯小姐，饰演埃尔扎（Эльза），不太好，她的声音有些刺耳，完全没有戏剧性。巴尔尼夫人非常热情（她喊叫的功夫不赖），甚至有些热情过头了。梅菲尔特先生唱的是罗恩格林，大勃兰戴斯的风格。捷利拉姆恩特（Тельрамунд ），饰

①普鲁士女王，公爵的姐姐。
②威廉·理查德·瓦格纳（1813—1883），德国作曲家，著名的古典音乐大师。
③歌德的诗句。

演米尔德（Мильде），很出色。乐队非常好。迷人的天鹅，真正的温顺可爱。对了，瓦格纳绝对是，绝对是其创作对我有意义的唯一一位作曲家。哦，我可怜的朋友，我不否认，我是彻头彻尾的瓦格纳派！我觉得我会在这条光明大道上越走越远。明天拉辛会来，要和我一起重新观看《克拉卡米莎》。如果李斯特的情况有所好转，他也会来。他们会送我去伊耶那去听有趣的音乐会。我们会在切尔马克（Чермак）（在布拉格相识的）家喝一会儿茶。我们当天就回来。我想，周四大公爵夫人还会举办音乐晚会。我应该去拜访一下我的女主角们。但愿波尔能把他的作品寄给我！我特别想和他们一起学习学习，哪怕在他们完全弄懂自己的角色之前，给他们指一条正确的路也好。

但是，天太晚了，而一天之中怎么也得有一次躺下来睡觉。为此，最多再过20分钟，我必须得在床上。好吧，亲爱的屠格涅夫，晚安。把您的新消息告诉我。好好工作。新短篇小说怎么样了？已经完成了吗？

非常热烈地，毫无疑问非常热烈地……祝您晚安。

波林娜

波林娜·维亚尔多致屠格涅夫

1869年2月18日，魏玛

亲爱的屠格涅夫，感谢您的民歌歌词，它们与音乐非常契合。哦，如果您愿意做，您会翻译得比任何人都好。我真担心波尔[①]会自作聪明。我相信，他在进行修改并到处寻找所谓的**“重点”**，他觉得这一切都太简单、太正常了。他也写信告诉我了，说周末我会收到他完整的作品。我希望他能履行诺言，否则，我就不得不留在这里，而我还想周日走呢。

我接待了许多来访者。有德·洛延先生与夫人、赖斯小姐、梅利克小姐。今天晚上，我被邀请去王宫。那里将有业余演出、晚餐和舞会。赖斯小姐和我一起审查了施特拉的角色，她很适合这个角色。德·洛延先生与梅利克小姐告诉我，李斯特极其认真地评论了我的音乐：“从来没有过天才的女作曲家。如今，她终于出现了！！！”我非常清楚，这是过高的溢美之词。但是，无论如何，这意味着对未来的肯定。今天，李斯特会听到梅利克诗歌的浪漫曲，其中他熟悉的只有《美人鱼》(*Русалка*)、《子夜》(*В полночь*)和《寻常事》(*Бывает*)。如果他有时间的话，我们还会观看《克拉卡米莎》的第二幕。

来自伊耶那的日利先生附送我一份手稿。这样我就可以把它拿给您看，我太高兴了！他们叫我去吃午饭了。

多姆转告我，李斯特好长时间都对我的音乐赞不绝口，真是不可思议。拉辛也是这样说的。顺便说一句，浪漫曲《法门之前》[②]令他惊叹不已。

请您想办法见见莱维，转告他，米尔让(Мюржан)小姐给我写信说，自从她父亲向德夫里安(Девриен)先生书面提出自己的条件后，她就没有收到过任何一份演出邀约。如果得不到剧院经理

①里哈德·波尔，《最后的巫师》的德语译者。

②《法门之前》(*Vor Gericht*)(德语)。——译者注

的邀请，她就不能参加**巡回演出**。已经浪费了很多时间，很有可能她5月份之前再不能去卡尔斯鲁厄了（至少，要让她在那里稳定下来）。如果错过了这个唯一的机会，那将是无法弥补的错误。

哎，波尔哪怕把咏叹调的词寄给我也好啊！应该把克拉卡米莎咏叹调的谱子寄给他。一切都在严重拖延。米尔德真的希望在他演出之前，能和我一起审查一下角色。我开始怀疑周日夜里能否离开这里了。不管怎样，我还是希望周一能到卡尔斯鲁厄。如果我没去那里，不要以为这是我的错。再见了，不，是希望很快能见面。祝您身体健康。想到要回自己家了，我就开始感到高兴。又能见到我心爱的好人们了，真幸福!!

维亚尔多一家和屠格涅夫希望能够在巴登—巴登度过余生。但是，普法战争打乱了他们所有的计划，使他们天各一方。维亚尔多一家去了伦敦。屠格涅夫和路易莎回俄罗斯去了。

圣彼得堡，德穆特宾馆，1871年2月14(26)日，星期日，夜里12:30

我热爱的、尊贵的维亚尔多夫人，我刚参加完谢罗娃夫人的晚会回来，路易莎在晚会上唱了舒曼[①]的浪漫曲《同路人》(*Doppelganger*)和《格雷琴》(*Gretchen*)[②]（当然，她是在模仿您，她不可能想出更好的办法）。

---

①舒曼(1810—1856)，德国作曲家，音乐评论家。——译者注

② 应该是《双面人》(*Двойник*，舒伯特作曲)和《纺车边的格列特亨》(Гретхен за прялкой)，(屠格涅夫记错了)。

但是，还是让我们从头说起。今天早上，做完一些事后，我就去找路易莎。我发现她变瘦了，头发剪得像个小男孩，但这特别适合她。眼睛前所未有地漂亮，脸上的表情也平和了一些。其他方面，手势、身体的动作，都和从前一样。她现在感冒了，但我觉得她的健康不会受到很大影响。我们交谈了很久，我回避了那些敏感话题。我尤其没有和她谈到她的未来和她的打算……这都是以后的事。我想，她如今身无分文，这个我们还会再谈。她提到卢卢[①]的名字，于是，我就开始说卢卢，讲他如何可爱又聪明。这显然打动了她，但与埃里特的分手显然是无法改变的事情，就像砍掉的手无法重新安上一样。晚上我去马林斯基剧院看了一场大型音乐会。现在我就给您讲讲当时的情况，参加演出的有几个演员，那个少女布拉兰贝格（Бларамберг）好像现在还是一副女奴的样子。路易莎的嗓音太生硬，她对声音的处理太戏剧化了，有点夸张，她唱了《罗格涅达》（*Рогнеда*）中的一段，那就是一连串的尖叫，但她的俄语发音非常好。在客厅里，这一切听上去都非常好，甚至引人入胜。我认为，这不太适合音乐会。我觉得，从前的轻浮没有了。总之，我觉得她现在心情很好，一副如鱼得水、怡然自得的样子。她不想再给人上课，好像要与世隔绝似的。用不着费力去改变她：她本来就是这样的，不可能变成另外的样子。

白天，我认识了一位年轻的俄罗斯雕塑家，一个来自维尔诺的波兰犹太人，他具有非凡的才华。他塑造了伊凡雷帝（Иван

①路易莎的儿子，当时由父亲监护。

Грозный)[1]的坐像，雷帝穿着随意，膝头放着一本圣经，沉浸在阴郁而令人不安的思索之中。我认为这个塑像从历史深度，与思想深度方面简直就是杰作，从杰出的表现手法方面也是。而这竟然是一个有肺痨病的赤贫犹太人所作，他22岁才开始创作和学习读书写字，在此之前，他是个工人，Spiritus flat ubi vult[2]。毫无疑问，这个贫穷、丑陋、瘦弱的年轻人很有才气。可惜，他的身体已经垮了。他要被派到意大利去（但对他来说，美好时光来得太迟了）。他叫安托科尔斯基[3]。这个名字不会被遗忘的。

我在我的老朋友安年科夫[4]家稳稳当当地吃过了午饭。明天见！

2月15日（27）日，星期一，午夜

我刚从国际象棋俱乐部回来，在那里看了官方的消息。唉，阿尔萨斯和洛林陷落了[5]，50亿。可怜的法兰西！多么沉重的打击，怎样才能恢复元气呢？我栩栩如生地想起了您的样子，和您应该有的万般感受，有什么办法呢？这就是世界，但这是什么样的世界啊！我们这里所有人都同情法兰西，但这样心里更不好受。

---

①即俄罗斯历史上第一位沙皇伊凡四世（Иван IV Васильевич，1530—1584），也被称为伊凡大帝或恐怖的伊凡。——译者注

②灵魂无处不在。（拉丁语）

③马尔克·马特维耶维奇·安托科尔斯基（Марк Матвеевич Антокольский，1843—1902），俄国著名雕塑家。——译者注

④巴维尔·瓦西里耶维奇·安年科夫（Павел Васильевич Анненков，1812—1887），俄国唯美主义批评家，俄国普希金学的最早奠基者。——译者注

⑤1870—1871年普鲁士王国同法兰西第二帝国之间发生了普法战争，普鲁士获胜，1871年5月10日，德法两国签订法兰克福和约，法国赔款50亿法郎，并割让阿尔萨斯、洛林的大部分地区。——译者注

波林娜·维亚尔多的画像。画家路德维希·皮契（Людвиг Пич）。1865年。

今天我是这样度过的：

早上，对画家格[①]进行了长时间的拜访，他正在雕塑别林斯基的半身像，他以前并不认识别林斯基，用作创作参考的只有一个别林斯基死后的石膏面模，和一些劣质的石印画。我尽力回忆别林斯基的样子来帮助他，我想一定能让他做出一些有益的修改。格想为我画肖像，他只要求画两次，他已经为赫尔岑做了幅非常好的肖像。后来，我和我的编辑开了个长会。午饭是和您在巴登—巴登见过的两个年轻的俄罗斯人，茹科夫斯基与奥涅金一起吃的。然后，在国际象棋俱乐部下棋，赢了一局，输了一局。给我的管家(他在莫斯科)写了一封信。就这些。明天我还要去看路易莎。

再见，**亲爱的、我最爱的女友**。祝您身体健康，请给我写信，请允许我亲吻您尊贵的双手。愿上帝保佑您。

您的伊万·屠格涅夫

1871年3月11(23)日，星期四，莫斯科，

普列奇斯津卡林荫路，皇家办事处大楼。

亲爱的、我热爱的维亚尔多夫人，我的管家从斯帕斯科耶给我带来了两封信，一封来自利物浦，一封来自伦敦。第一封信让我很难过，您无法摆脱这次失败[②]的阴影。第二封信稍稍抚慰了我的伤

① 尼古拉·尼古拉耶维奇·格(Николай Николаевич Ге，1831—1894)，俄国画家。——译者注

② 显然，信中提到的是维亚尔多失败了的利物浦演唱会。

痛。您的“星期六演出”令人沉醉，要是我能够亲自观看，我会非常幸福，很快我就能去看了。首先，我应该告知您如下事宜：

1. 我决定不去斯帕斯科耶了，把所有事情都安排在这里。

2. 下周三，3月10（30）日，离开莫斯科。

3. 不回彼得堡，而是通过斯摩棱斯克和维捷布斯克，直接前往柯尼斯堡。

路上准备用10天，但我觉得远远用不了这么长时间，所以，如您所见，我完全有可能在4月10至15日之间到达伦敦。因此，这点耽搁不算什么，“最高峰”早就被征服了，这让我心里充满了喜悦。

霍乱病在彼得堡已经发展到可怕的程度，我完全、完全不想冒着回不去梦中天堂的风险，回到那个是非之地。

我和路易莎想按照下面的顺序安排专辑中的浪漫曲：

1.《三月》（*Marchen*）（俄译《寂静的森林》）（*Лесная тишь*），即（*Waldeinsamkeit*）。

2.《虚度的一生》（*Verfehltes Leben*）。

3.《园丁》（*Der Gartner*）。

4.《阿莱伊恩》（*Allein*），俄译《期待》（*Ожидание*），即（attente）。

5.《往日幸福》（Rosenzeit），俄译《往日幸福》（*Былое счастье*）。

6.《坏天气》（Es ist ein schlechtes Wetter）。

您曾问我，路易莎过去的生活中是否有过“家庭与心上人”。唉！（我说：唉！）根本没有这些东西。还像过去一样，只有痛苦而骄傲的孤独。她周围只有几位女性奴仆。我敢说，她的未来几乎是不确定的，她故意这样。她还像从前那样，孤注一掷地要过漂泊不定的生活。对于社会，说得轻一点，她不喜欢，实际上就是仇恨。尽管如此，还是不应该忘记，她的确是有病的。我好像在信里跟您说过，我经常和她谈及她的孩子，这似乎满足了她作为母亲的骄傲之情，但她还是固执己见，不肯改变。她是个命有劫数的人，尽管你对她会不由自主地产生厌恶之情，但还是不能不感到深深的、强烈的同情。

我给您寄了我自己的一张很好看的照片。至于那两幅肖像，我不想让他画，肖像一般很少成功。

我的信走得是太慢了，可我呢，您的信什么时候、怎样才能到我手里？当然，我让斯帕斯科耶的人随时关注您的信了。好在，这一切很快就要结束了。

我的头发，既然您愿意了解它的情况和变化，（那我就告诉您）又开始变得卷曲了。

我的哥哥（顺便说一句，他现在状态非常好，林子会卖个好价钱）要把这封信带到邮局去寄走，所以我就写到这里了，同时要跟您说：明天见。他感谢维亚尔多还记得他。

克洛季与玛丽安娜！明天你们将会收到一封特别特别长的信！！

现在我要拥抱所有人并以最虔诚的温柔亲吻您尊贵的双手。

您的伊万·屠格涅夫

4月10日万岁！[1]

① 屠格涅夫到达伦敦的预想日期。

波林娜·维亚尔多致屠格涅夫

3月29日、30日，伦敦，德文郡广场

哦，亲爱的朋友，赶快回来吧！要在可能的最短的时间内回来，一刻也不要耽搁！求您了，如果您对我们还有哪怕一丁点的感情，（快点回来）！不要从彼得堡走，或者，至少不要在那里停留。看在上帝的分上，请您答应我，一秒钟也不要在那个危险的城市停留。

昨天，我回复了H.鲁宾斯坦[①]，向他表示了感谢，但我不能接受他的提议。我不能与我的家人分开7个月，更不用想把路易带过去。代我向他推荐路易莎吧。如果他们需要一名优秀的教育者，那么，现在她已经有所好转，可以胜任，她可以在莫斯科接受这个建议。他们不会找到比路易莎更了解家庭唱法[②]的人了。昨天晚上，我们在列伊托恩（Лейтон）的工作室度过了美妙的时光。罗森海姆演奏得很出色，他的妻子很精彩、但不是特别让人开心地演奏了贝多芬的《你了解这片土地吗？》（*Kennst du das Land*）[③]，小胖子布兰德斯（Брандес）的钢琴演奏令人神往，而我演唱了《阿尔切斯特》（*Альцеста*）[④]中的一幕和一首安达卢西亚歌曲。让我感到吃惊的是，我的嗓子好了，而且在晚会上似乎很受欢迎。今天夜

①尼古拉·格里果利耶维奇·鲁宾斯坦（Николай Григорьевич Рубинштейн，1835—1881），俄罗斯作曲家、指挥家、钢琴家、教师，是俄罗斯钢琴家、作曲家、指挥家和音乐社会活动家安东·格里果利耶维奇·鲁宾斯坦（Антон Григорьевич Рубинштейн，1829—1894）的弟弟，兄弟两人是俄罗斯音乐学院派的创立者。——译者注

②老马努埃尔·维亚尔多创造的独特演唱方法。

③以歌德诗歌配曲而成的歌。

④德国作曲家格鲁克（1714—1787）的意大利语歌剧。——译者注

里，半个月以来第一次睡了一个好觉！从早上开始感觉就很好。现在我的信应该能按时寄到您那里了。但我们还不知道往哪里给您写信。您要去斯帕斯科耶吗？我希望您不去。请把您年轻时的肖像寄给我们。哦，是的，朋友，请每天给我们写信并且赶紧回来吧，回到离开您就不可能幸福的人们身边。

4月13日，星期四，早9点，伦敦，博蒙特—斯特里特

亲爱的、我热爱的维亚尔多夫人，他们把您从沃尔塞什[①]寄来的信拿给我时，我还躺在床上，从11号1、2点钟起，我就像个旱獭一样在这张床上酣睡不醒。像您能想到的那样，这封信带给我无比的快乐。我相信，那样一个美丽的地方和极其舒适、安稳的条件能给您带来巨大的好处（连天气好像都是有益的），我没有自私到不想让您再多休息几天。至于我，虽然早睡早起的习惯还没有完全恢复，但也算恢复了一半。今天，我计划到德文郡广场吃午饭。3名善良的再洗礼派[②]教徒没有忽略我。但是，既没有发生政治冲突，也没有发生宗教冲突。马努埃尔声称，有机会的话，他真想判处1200（为什么精确到这个数字？）名宗教裁判官死刑，这应该能向您证明，他变得多么温和！我们玩了一会儿惠斯特纸牌，我甚至还和马努埃尔下了国际象棋，汲取了莫斯科

① 波林娜此时正在海边的沃尔塞什庄园、女作家阿杰莱达·萨尔托里斯（Аделаида Сарторис）家中做客。

② 16世纪欧洲宗教改革时期以来，新教中一些主张成人洗礼的激进派别的总称。因该派否认婴儿洗礼的效力，主张能够行使自由意志的成人受洗才为有效，故名。——译者注

帕维尔·阿列克谢耶维奇·安年科夫，俄罗斯文学批评家、文学史家、回忆录作家、屠格涅夫的朋友。他写的关于伊万·谢尔盖耶维奇·屠格涅夫生平与创作的书是这方面最著名的著作之一。

的沉痛教训之后，我终于彻底击败了他，这让我非常高兴。后来，我开始想念您，好久，我想象自己跟在您身后散步并以此自娱。我想到了在南丁格尔城堡里度过的一周美好时光，包括所有的细节，但那里远没有萨尔托里斯（Сарторис）夫人家令人愉快。我很遗憾，在《克拉卡米莎》讲演会期间，没人在晚会上把我介绍给她。我看过俄罗斯报纸，甚至在《两个世界》杂志（*Revue des 2 Mondes*）上读到了桑夫人的《战争期间一个旅行者的信》（*Письма путешественника во время войны*），作品充满着令人断肠的忧伤，和只有她一人能够创造的迷人情调，还有许多风景，似乎是她在百忙之中信手在某个地方随意勾勒的，但十分美丽。我认为这种风格的作品比她的长篇小说要好，同样也比她以前所写的一切作品要好，包括旧的《旅行者的威尼斯来信》（*Письма путешественника из Венеции*）。这部作品充满诗意并具有极高的真实性，而事实上，她的长篇小说几乎总是缺乏这两样东西。

我还是有没得到那桩大买卖的消息，早上我打算往俄罗斯写几封信。季季！玛丽安娜！我明天给你们写信。今天我亲吻你们！你们要开开心心的！开开心心的！好好吃饭，好好睡觉，我要对你们说的就是这些！！

至于您，**最亲爱的女友**，我要最最温柔地亲吻您的双手。

永远属于您的伊万·屠格涅夫

附言：昨天11点前，我把我的信寄走了，但是，到沃尔塞什可能会需要很长时间，所以您5点前才没有收到它。

维亚尔多一家住在伦敦期间，法国报纸刊登了波林娜的讣告，说女歌唱家在54岁的年龄告别浮生，驾鹤西去。不知下面哪一点更让波林娜气恼，英年早逝的消息，撰稿人说错的年龄，还是她不得不劝解并安慰欧洲各地的朋友？乔治·桑很着急，居斯塔夫·福楼拜很着急，老朋友路德维希·皮契也很着急，尽管他本人也是记者。

1873年，克洛季嫁给了乔治·沙姆罗（Жорж Шамро）。她认真学习画画，在屠格涅夫看来，她取得了很大的成绩。妹妹玛丽安娜仍然热衷于音乐。波尔也喜欢音乐。他已经开始在母亲的歌剧中扮演一些小角色。“波尔非常放肆无礼，有时让人难以忍受，但他会有出息，他会成为一个优秀的小提琴家”。屠格涅夫这样写道，并且送给他一把斯特拉地瓦利小提琴。这里我们要预先先说一下，屠格涅夫是对的。波尔真的成了小提琴大师和作曲家，在欧洲、俄罗斯、美国以及南非都成功地进行了巡演，并定居巴黎，写了一本《音乐史》（*История музыки*），结过两次婚，第一段婚姻失败了，第二段婚姻很成功。第一次结婚生了女儿阿利萨（Алиса），第二次结婚生了儿子让-波尔（Жан-Поль）。

而现在，维亚尔多一家卖掉了在巴登的房子，和屠格涅夫一起在离巴黎不远的一个小地方布日瓦尔，买了一个名叫“亚申”[①]的别墅。他们时常到诺昂的乔治·桑家或者克鲁埃塞的福楼拜家做客。

屠格涅夫饱受痛风病周期性发作之苦，但他一直在坚持。现在他很少给波林娜写信，因为他们大部分时间都是一起度过的。

---

①音译，原文的意思为“白蜡树，梣”。——译者注

只有当他去外地疗养地时，他才会像以前一样写长信给波林娜。

1873年6月23日，星期一，卡尔斯巴德，奥地利宾馆

亲爱的、善良的维亚尔多夫人，今天是我到这里的第3天，目前为止，情况不是很好。到这里的第1天晚上，周五，初来乍到的**“特征”**十分明显，膝盖疼痛、隔壁住客刺耳的尖叫。第二天晚上，周六，可怕的偏头痛。第3天晚上，星期日，包括夜里，严重的腹泻，胃肠绞痛、冒冷汗及其他所有的后果。不过，晚上我还是同阿巴扎（Абаза）夫人聊了很长时间瓦格纳！！因为这位可爱的女士恰好也在这里，她的脸蛋比平时红，可她还像平时那样不够迷人！我无法描述矿泉水对绞痛的效果，因为刚刚开始治疗，只喝了两次矿泉水，每次半杯。好吧，忍耐！忍耐！

天气还像以前一样，非常好，气压计的水银柱在上升①。我的房间里很凉，它不在阳面。什么都不能妨碍我做事。不过，我应该为季季构思个童话故事！只要我能去森林并在那里小坐，我马上就……

6月24日，星期二

我刚结束早间散步回来，口袋里揣着您的一封长信。万分感谢您。可您为什么没把您的照片放进来呢？您以为我没收到您的信，那您想错了。您说的那些信我都收到了。我感到很幸福，因为您更喜欢我的《潮水》（*Воды*）②，而维亚尔多也不觉得它一无是处。

① 预示天气放晴。——译者注

② 即《春潮》（*Вешние воды*）。——屠格涅夫著名的中篇小说，一译《一江春水》。——译者注

我不久前买了两张大奥地利彩票，一张写的季季的名字，另一张写的玛丽安娜的名字（别担心，价格不贵，两张总共才5个弗罗林[①]），后天就开奖，可能会赚10万弗罗林，我们就等着吧。

今天我感觉好多了。

哦！我什么时候才能到布日瓦尔去呢？

千万次问候所有人。非常温柔地亲吻您的双手。

永远忠于您的伊万·屠格涅夫

附言：贝蒂·保利（Бетти Паоли）小姐跟您说的完全一样，令人，无法，忍受。

第二条附言：请看一下寄到我名下的所有小册子什么的，找到一期《欧洲导报》寄给我。您很容易就能找到它，这是一本橙黄色的厚书，放在一个深灰色的纸盒里。

写给季季，6月24日，星期二

我亲爱的小心肝季季，**我亲爱的小女孩**，我刚刚收到你可爱的小字条，因为它我谢谢你。同时，我还收到了你的照片（妈妈的照片没收到），在巴黎时，我没觉得这张照片好看，现在我也不觉得它那时是好看的，但在卡尔斯巴德，它却给我带来无限的快乐。要知道这是你的脸蛋、你的嘴巴、你的额头和你的眼睛，近处的这只眼睛非常好看，而稍远一点的那只上面有一个灰色的斑

① 意大利古金币，1252年起在热那亚和佛罗伦萨开始铸造，重3.5克左右，足金。——译者注

点（这在照片上是常见的），它给你的眼睛增加了一种你自身没有的神情。从我写给妈妈和玛丽安娜的信中，你应该知道我所有的情况和活动。我今天可以补充的是，我感觉好多了，膝盖不再疼了，很快我就能下地走路了，到僻静的密林深处（我希望这是高雅的诗歌语体）去构思我答应给你写的童话故事，你应该给它画插图，我想尽可能把它写得更可爱、更迷人、更与众不同，使它能够配得上你的画笔！可能，正是这样的想法使它难以问世，一直拖到现在还没完成。但我想，结果会很好。

爸爸说，你近来做了一件非常好的事情，乌拉！在布日瓦尔要继续坚持。现在，布日瓦尔对我就像麦加对穆斯林一样。这是我朝圣的目标，只有到达那里之后，我才会幸福。可惜的是，我想我7月18日之前不可能回到那里了。我在维也纳摔的那倒霉的一跤把什么都破坏了，但是，我肯定会回去的，只要能力允许，我一分钟也不会耽搁。

我觉得我说的话太德国化、法国化了，这可能是因为我前天跟阿巴扎夫人聊的时间太长了。

你想象一下，卡尔斯巴德就一根长长的水龙带，狭窄的街道上总是挤满了人。每天早晨，我都在“大象”咖啡馆喝茶，边喝边看我眼前不断闪过的一张张人脸用来解闷。如果我能像你那样天才的话，我就能画出很多特别有意思的速写。这里有丑得离谱的脸。有漂亮的脸，其中有一个很高的波兰女人，长得跟朱诺（Юнона）①很像。但所有这些脸（我指的是那些漂亮的）都不如我

①罗马神话里的最高女神，也即希腊神话中天神宙斯的妻子天后赫拉。——译者注

熟悉的那些(你熟悉的呢?),我最喜爱的脸。

你看,这页纸要没了,我也只能请求你**用我喜爱的、我将要亲吻一千次的双手拥抱你自己**。

你的老伊万·屠格涅夫

屠格涅夫需要定期回俄罗斯安排财务和出版事宜,这也是他们通信的一个原因。

屠格涅夫致波林娜·维亚尔多

1879年3月5日(17)日,星期一,

晚上,莫斯科,皇家办事处大楼。

亲爱的朋友:

今年我在莫斯科的事业就像尼古拉的表演一样,蒸蒸日上。不过,昨天为生病的大学生举行了晚会——尽管前天夜里才获得许可……我的天啊,那里的情况真是太火爆了!请您想象一下,数千名大学生聚集在贵族会议的大厅里。我一进去,就响起了震耳欲聋的喊叫音,所以墙简直都要塌了,乌拉的呼喊声,帽子在空中飞舞,后来给我献了两个大花环,后来一个年轻的学生代表对着我的耳朵大声喊着发表演讲,每一个词语都引起了爆炸式的反应。坐在第一排的大学校长吓得脸色发白,我回答问题时,尽量不去火上浇油，而是试图说一些老生常谈的话，然后，宣讲完我的文章之后，这一大群人又陪着我来到旁边的大厅，疯狂地连续20次呼喊我的名字。女孩们努力抓我的手……想亲吻它们!!!太疯狂了，一点不假！要不是最最热情的宪兵上校，把我拽出来塞进马车，那我可能现在还在那里呢。个中原因我十分理解，在不断承诺却一拖再拖的改革前夜，在唤醒社会生活的前夜，所有这些年轻人都像莱顿瓶一样充满了电，而我对他们却起到了类似于缓冲器的作用。这是我的自由主义观点的错误，错误的程度至少和我在文学上的成绩一样。如果这群可怜的年轻人不出头露面，他们就会爆发！尽管如此，我仍然因为所有这些意料之外的奇遇而深受感动，疲惫不堪。今天晚上，我还得在大剧院进行讲演，但那里什么都不会发生，而明天当地党派名人，将为我举行盛大的宴会（80人受邀参加），宴会前要发言！如果说没有其他出路，人们就是这样搞政治的。周三我要去彼得堡；周五在贵族大会上进行最后一次演讲；门票一周前就卖光了，然后就自由了！离开的自由……至少，我希望如此。

明天，我会最终知道，我什么时候可以得到遗产。

我会给您带去两篇学生的欢迎词、我的回复和明天的演讲稿，还有几封比较有意思的匿名信。我在这里过的简直就是惊涛骇浪一样的生活，这完全不适合我。

这封信今天就会寄走，因为明天我将开始写另一封。温柔地亲吻你们所有人。

永远属于您的

波林娜·维亚尔多致屠格涅夫

1879年3月13(25)日，巴黎

我亲爱的、善良的屠格林(Турглин)[①]，我刚刚收到您的信和照片。感谢您。给您写这封回信时，我相信这封信到达时，您肯定还安心地待在您打算在那里扎根，并取得新成就的彼得堡。一切都好极了，只是希望，当您到了巴黎的时候，您不要患上**思乡病**。您不想离开我们的，不是吗？您在巴黎会觉得寂寞的，因为周围不会有这种狂热的崇拜，而只有苍老的、一天比一天更老的熟悉的面孔，或者是越来越不年轻的面孔，快乐地看着您，但这快乐将是平静的，会有几个有些怪癖的朋友、一些善良的熟人和很多让人有些不耐烦的朋友，而且还是那种波澜不惊的生活，一切都会像往常一样……天哪，再次见到您该是多么幸福！您永远无力摆脱您身边那些风风火火、热情洋溢的年轻人！您根本不提回来的事了。要举行第二场讲演，然后第三场，最后……痛风发作！愿上帝保佑我的话不会应验。但我会一直焦急不安，到您回来为止。

如果您在柏林停留，求您给我买两个乐谱，布拉姆巴赫(Брамбах)的《阿尔西斯特》和布鲁赫(Брух)的《奥德修斯》(*Одиссей*)。

最后一张照片上您的表情既满足又幸福。可见，您的确是幸福、快乐的。想到那个“死人”和“老窝囊废”又变年轻了，英姿

① 波林娜对屠格涅夫的爱称。

勃发的，我就很高兴。如果您以后敢再对我说类似的蠢话，我就让您再看一遍您自己的信，并把您的这张画像拿给您看。哦，您得说多少有趣的事呀！您会把所有的事都讲给我听，是吗？好了，就到这里。**为什么我不是一只小鸟儿？**

无限的温柔送给您。

波林娜·维亚尔多致屠格涅夫

5月1日，3点，魏玛

“疯狂的3月和多雨的4月带来了多雪而寒冷的5月”。

不久之后，我们会看到狼在魏玛的街道上悠闲漫步！但所有这些都无所谓，都不会使我认为带路易莎来这里是错的，也不影响我回去的强烈愿望。您好，我亲爱的、善良的屠格林，如果您认为我有足够的时间写信，那您就大错特错了。尽管内容不同，但我在这里和在巴黎一样忙。我必须经常出门，而且通常风雨无阻。今天的彩排比昨天好些，尽管还有值得商榷的地方。总的来讲，我希望会好[①]。现在，我在等奶油毛色的马拉的车，准备去城堡上课。4点我将和李斯特一起在拉辛家吃午饭。我必须为他们唱几首路易莎创作的曲子《抱怨》(*Жалоба*)、《马诺拉》(*Манола*)和《诅咒》(*Проклятие*)。然后，我们回来换晚宴穿的衣服，演出结束后晚宴将在德·迈恩多夫(де Мейендорф)夫人家举行。参加的还是那几

①维亚尔多指的是她大女儿路易莎创作并于1879年5月2日，在魏玛上演的歌剧《林多罗》(*Линдоро*)的彩排。

个人：施蒂路梅（Штирумы）、维特利、米尔德、梅里安、拉辛。

5月2日，星期五

您好，我的屠格林，我的信在马车来时被打断了。下课后，我去拉辛夫人那里接路易莎与贝尔塔。李斯特也在那里，准备开饭的时候，我唱了《抱怨》，路易莎唱了她自己的《威尼斯的狂欢节》（*Венецианский карнавал*）。在场的人对这两部作品都很满意。午餐吃得极好，非常快乐，李斯特还像往常一样迷人。我们回家稍事休息并换了衣服。德·迈恩多夫夫人家的晚间聚会，**很亲切**。李斯特和拉辛演奏了鲍罗廷[①]的谐谑曲，和柴可夫斯基[②]的进行曲。李斯特非常喜欢当代俄罗斯的作曲家。他从来都不愿意单独演奏，可还是答应只为我们两人弹奏一曲。先是我唱了《抱怨》和《马诺拉》，前者给大家留下了深刻印象，后者引发了赞叹之声。此外，我还不得不唱了每次必唱的安达卢西亚歌曲和《力基力基》[③]。所有人对路易莎都很好，只要她想，她还是可以很迷人的。晚会上所有人的心情好像都好得不能再好。**看看这些歌手吧**。路易莎打算今天早上再跟他们练习一会儿。从剧院衣帽间挑选出来的衣服十分合适。我必须再努努力，让4个女傅[④]看起来十分相像。听说，巴巴汗[⑤]星期二早上会来。这样一来，第二场演出

① 亚历山大·波尔菲里耶维奇·鲍罗廷（Александр Порфирьевич Бородин，1833—1887），俄国作曲家和化学家。——译者注

② 彼得·伊里奇·柴可夫斯基（Пётр Ильич Чайковский，1840—1893），俄国伟大的作曲家、音乐教育家。——译者注

③ 波林娜的父亲马努埃尔·维亚尔多所作的歌曲。

④ 西班牙等国贵族家庭雇佣来指导少女、少妇生活行为的中年女性。——译者注

⑤ 波林娜给魏玛公爵起的外号——巴巴汗。

就得在当天晚上或周三进行，那么，我就得周四或最晚周五离开这里，现在冷得吓人。

总的来讲，我发现您特别懒得搭理我。我每天都会给您写长信说这说那的，可迄今为止，我总共才收到3封回信。我常常想念玛丽安娜，想她要是在这里，会多么快乐。她在这里的话，会取得各种各样的成绩。希望波尔不要在音乐会上喊破喉咙。音乐会的结果怎样呢？有反响吗？有新闻媒体的人参加吗？您没有写信告诉过我，柴可夫斯基的幻想曲是否取得了成功。周日，李斯特打算演奏路易莎的四重奏曲。明天，他会听到《天空之火》（*Небесный огонь*）①。明天，我们会在梅里阿姆（Мериам）先生家吃午饭。晚上演出《浮士德》第一幕。周日演出第二幕。请给我写信，懒惰的胖朋友。演出结束后或第二天早晨，我会给您发电报，因为演出结束后我们将立刻动身前往劳埃（Лоэн）家。

万千柔情送给**所有人**，就是说，也送给您。

波林娜

波林娜·维亚尔多致屠格涅夫

5月8日，魏玛

我亲爱的屠格林，您肯定已经从您的朋友福楼拜那里回来

①路易莎·维亚尔多为雨果的系列诗《天空之火》中的一首谱曲所作的颂歌，收录在专辑《东方组曲》（*Восточные мотивы*）（1829）之中，为第一首。

了。无论如何，您都会比这封信早到巴黎。再过3天，我也会追随您到巴黎去，因为如果没有什么大事或者意外，我想在周六，也就是10号出发。今天，等待《林多罗》的第二场演出时，我们都忐忑不安，因为只排练了一周。第二位男低音嗓子出了毛病，他让人转告说明天无法参加演出了。我们马上想到了一位曾唱过《沙皇与木匠》(*Царь и плотник*)的男中音罗尼叶里(Лониели)，想让他试试角色，但他唱不了，这唱腔对他的嗓子来说太低了，那就得换掉所有音乐。我们观看彩排，存在着严重的不协调，不是两三天就能消除的。来自赖内克歌剧院的几位演员从周四开始就要请假去巡演，有什么办法？已经派人去找那个男低音了，但我真不知道，是怎样让他同意明天演唱的，天知道他会唱成什么样！我相信，明天只要唱得不出错，《林多罗》就会大获成功。您真的难以想象，这里的人唱得有多假，就算是用本音唱，也不表现出来！然后，开始彩排，彩排很快就结束了。他们让我给一位女傅唱了一些不得不每天都唱，又总能引起喝彩声的片段。那个女演员稍微模仿了我一会儿，这就行了。现在，舞台变大了，演《浮士德》时搭建的木板台拆掉了。

我给公主上了课，在宾馆和戈尔特施密德一起吃了午饭，给优雅的德·什季鲁姆伯爵夫人上了课，她的丈夫是普鲁士大臣。现在我们要赶赴德·迈恩多夫夫人家的晚会，李斯特将只为我们(还有拉辛)演奏。

昨天，我们去了米尔德夫妇家，他们两人都唱了歌，米尔德唱的是沃丹(Вотан)的宽恕(我没听懂)，米尔德夫人唱的是罗伯特·弗朗茨的一首很单调的歌，是应大家的要求唱的，我也不得不唱了一首安达卢西亚歌曲，可以说是遵李斯特和拉辛之命而唱的，拉辛威胁说，如果我拒绝演唱，那他就亲自唱了。后来，是女傅的唱段！李斯特已经为德·迈恩多夫夫人的晚宴预定了这些唱段，晚饭吃得非常好，将近半夜才到家！巴巴汗明天到，听说，周四王宫里要么举办早场演出，要么举办晚会！周五，路易莎我们俩和萨米姆一起去德·什季鲁姆夫人家吃午饭。而周六，我就要走了，现在已经提前感到开心了。

我的到来对路易莎来说十分重要，现在她认识了所有人，只要再认识一下巴巴汗和巴巴汗夫人就可以了，她将不再需要我。唉，我已经开始厌倦我们在这里的生活。她使我看不见杜埃街上那些可爱的面孔。亲吻家里所有的人。

永远属于您的、越来越老的女友：波林娜

在去卡尔斯巴德之前，路易莎和贝尔塔打算先待在这里。

1879年夏天，屠格涅夫去英国出席牛津大学授予他习惯法法学荣誉博士学位的仪式。作为《猎人笔记》的作者，作家因在俄罗斯废除农奴制方面的贡献而获此殊荣。他是第一位获得这一称号的长篇小说作家。

1879年6月16日，星期一，伦敦，格罗维诺尔宾馆汇报

7点45分，离开巴黎。途中与一英国老头、一英国老太太、

一法国女仆为伴。一路平安，行程顺利。大海很平静。英国海岸附近有雾，我们移动得非常缓慢并不时鸣笛发送信号，声音像大象的鸣叫。出发前，把所有的信都寄了出去并与季季见了一面，她把自己的蓝色披肩送给了我，因为我没有找到我的毛毯；藏书室的钥匙弄丢了。而且，由于是周日，找不到锁匠。这个蓝色披肩在海上帮了我很大的忙。在白金汉宫附近的格罗维诺尔宾馆里找了个好房间。7点30分，在宾馆里洗了个盆浴，到达宾馆时间是7点。喝了点与“亚申”的茶完全不能相比的茶。拜访了美国作家亨利·詹姆斯[1]，然后拜访了罗尔斯通（Рольстон）。得知了我无须致辞的幸福消息。只要做出**“骄傲、谦虚和感激兼有”**的样子就够了。我会尽量表现出高水平。后天，会见4名授勋的博士（其中一位是莱通）（Лайтон）和画家弗雷德里克爵士。和我的朋友霍尔（Холл）一起在富丽堂皇的“改革俱乐部”贝利-梅尔，辉格党人的主要俱乐部吃了早饭，俱乐部里挂着帕麦思顿（Пальмерстон）和约翰·罗素（Дж. Рассел）伯爵的威严肖像，还立着布鲁格海姆（Бругхэм）、科布顿（Кобден）和克伦威尔（ромвель）的威严的半身像。早餐为我们提供了**白豆**，在场的还有两位国会议员，格兰特-达福（Грант-Дафф）和威德尔伯尔尼（Уэддерберн）。最后一道菜十分精美。结识了《福尔斯卡公主》（*Принцесса Фульская*）的作者布莱克（Блэк），他特别像那个皮肤黝黑的小个子仆人，他的鼻子特别红，鼻梁上低低地架着一副金边眼镜。我还认识了《日常新闻》

---

① 亨利·詹姆斯（Генрь Джеймс，1843—1916），美国小说家、文学批评家、剧作家和散文家，代表作有长篇小说《一个美国人》《一位女士的画像》《鸽翼》《使节》和《金碗》等。心理分析小说的开创者之一，其创作对20世纪崛起的现代派及后现代派文学有着非常巨大的影响。——译者注

（*Daily News*）的出版者鲁滨逊（Робинзон），一个资产阶级类型的年轻人，完全秃顶了。他费力地说着蹩脚的英语，就像拉着车行走在刚铺满砂石的林荫路上的杰克[①]。然后，我跟霍尔一起去格罗斯维诺尔之家，看了英国当代艺术家画展，太可怕，太恐怖了，简直就是**鬼屋**。色调贫乏，画法幼稚。这些先生们想要追求一种有深度和有诗意的表现力，而实际效果却消沉、低级、病态。其中一幅画画的是一位袖子上带褶皱的中年女士，在葡萄树上采摘葡萄，事情发生在天上，斯巴达丽丝（Спарталис）小姐作，真让人哭笑不得！题材更是让人无语！比如一幅两米长、半米宽的画，上面是一个带有滑稽翅膀的天使，抱着一个身穿盔甲的骑士，而这个勇士也抱着一个人，一个穿淡紫色连衣蓬裙的女人。这也是天上的事，看目录画名叫《罗扎蒙特》（*Розамунда*）！！

不！英国人永远也不应该画画！如果维亚尔多在，他肯定会慷慨激昂地批评的。所有作品都布置在一个华美的展厅里。我的朋友霍尔非常高兴。

回到前一天夜里因为失眠只睡了一个半小时的宾馆。当前时刻我在等马努埃尔，他应该来接我去他家吃午饭。当然，我想了很长时间“亚申”，想念住在那里的人，想念杰克，想念塞米拉米达。她到了吗？

现在天气很好，下雨了，但不是整个早晨都在下，有过一阵黄色的雾气，天也是浑浊的，周围一片泥泞，臭气熏天。上帝啊！为什么我觉得伦敦是丑陋的！！明天一早我就动身去牛津。

① 安娜·塞维尔的《黑骏马》中的黑马。——译者注

我会每天给您写信的。

今天我往“亚申”拍了电报。

拥抱所有人，亲吻您的双手。

您的伊万·屠格涅夫

波林娜·维亚尔多致屠格涅夫

1881年4月27日(5月9日)，巴黎

轰隆—轰隆—轰隆，车轮再转几圈，您就要到达您旅行的第一站了，最让人高兴的第一站。一个老朋友在站台上等着您，你们照例亲吻三次，然后在美丽大自然的怀抱中、在谈天中度过一整天的时间，**为什么我不在那里**？

您是否时常在桥上遇见齐柏林(Цеппелин)先生？康维尔萨茨的常客们，包括漂亮的罗扎利(Розали)，是否还在老地方，只为向您投去丁香般的笑容？如果是我，我肯定会重游一遍那些我们一起度过几年美好时光的美妙地方。您离开之后，我们就像断了尾巴的狗一样心神不宁！

列昂纳尔(Леонар)夫妇手挽手地来了，然后是马里奥季(Мариотти)，我们玩了惠斯特纸牌。让列昂纳尔夫妇十分高兴的是，路易输了4法郎，有一些人在我们桌边玩多米诺骨牌！

正午。您的电报到了！还会有一封也来自巴登—巴登的电报，是通知您的到来的，那封电报更好！

晚上11点。今天我们去了赛德尔梅尔，欣赏了蒙卡奇(Мункачи)的油画杰作。看的时间越长，印象就越深。同行的还有哈默别塔(Гамбетта)、博戈柳博夫(Боголюбов)和很多别的人。展厅布置得很漂亮。暗色调的蒙面和柔软的地毯，看不见日光，窗户被窗帘挡住了，窗帘后面发出的光直接射在画布上。巨大的画框并不喧宾夺主，尽管它两边各有一个镀金的圆柱。少数参观者聚集在昏暗房间的入口处，都不说话，专注地等待进入，所有这一切都不由自主地吸引着你。(画上的)基督好像有些激动(这是非常人性化的)，同时有些愤怒。他死死地盯着看起来局促不安的彼拉多，彼拉多的右手不知藏在了什么地方，所以整个身体看起来有点笨拙。

控诉者和所有其他犹太人的愤怒与蔑视，都表现得十分到位，而处于第二景深的是一个抱着孩子的年轻女人，她向基督投去十分同情的目光，十分迷人。博戈柳博夫在建筑物的远景上发现了一处严重错误，但他还是非常喜欢这幅画。克洛季与乔治都因这幅画而兴奋不已。哈默别塔说他以后会经常来看这幅画。蒙卡奇的脑袋十分引人注目，对吧？一下子就能看得出来，这是个大人物。今天，玛丽安娜因为身体不舒服，没有来巴黎。明天，阿恩霍丽特小姐要去“亚申”，同时阿里方斯(Альфонс)要去巴黎上课。您想让我们怎么处理从俄罗斯寄到这里的、给您的信呢？是把它们转寄给您，还是留在这里？您在第二封电报中没有留安年科夫的地址。因此，一开始我写了句话给他[托安士杰特夫人(Анштетт)转交]，请他告诉我他的地址。只要他一回信，路易就会马上把莫泊桑的书寄给他。而现在，亲爱的、善良的朋友，晚安。我非常成功地为路易和阿恩霍丽特夫人朗读了《寂寞王国》(*В царстве скуки*)剧本的第一幕。

明天，**如果上帝保佑**，我们将读完它。只是，一想到您还在路上，不免着急！但现在您已经坐在不那么差的德国车厢里，而明天您将坐上舒适的俄罗斯**卧铺车**。唉，离杜埃街太远了。

我敢打赌，我亲爱的弟媳贝尔塔自我感觉非常好！当然，正因此她才抱怨！您是否想念巴黎，想念“亚申”，想念别吉克、法诺拉，想念您的朋友们？您会看见很多别的人，但他们全算上，没有一个人对您的感情能抵得上您最老、但最忠诚的女友对您全部感情的千分之一。

屠格涅夫写给克洛季·沙姆罗的信

1881年6月25日，星期四，奥尔洛夫

斯基省，姆岑斯克市，斯帕斯科耶

我亲爱的、最喜欢的季季！

一刻钟之前，你的信到了，你看，我在迫不及待地给你回信。我总是能够从住在“亚申”的人那里听到你的消息，但我很想念你清晰、漂亮的字体，你的字体无论如何不像你说的那样，乱得像蜘蛛爬。我很高兴听说你们又重聚在“亚申”并且所有人感觉都很好（甚至还有罗密欧！[①]）。至于我，还有40天我才能回到那里，并占据自己的一席之地。但愿上帝保佑，一分钟也不要多出

①指克洛季的丈夫乔治·沙姆罗。

来！恐怕，我到的时候看不到一对新人[①]了，可能，你们那时都在南方，到时候迎接你们归来的就是我了。但我们还是会在“亚申”的白蜡树下开始美好生活的！**忍耐，我们会胜利的！**

我的身体状况还不错，如果能保持这样，我就别无他求了。我上次的夜间危险遭遇（小酒馆发生火灾）之后，痛风装模作样地好像要缠上我，但又把我给放了，所以我现在走路像个棒小伙儿，可以穿着靴子出去散步，享受已经持续几天的好天气。

我已经开始工作了，不过，还是不敢太累。我修改并完成了那部某种程度上的伪幻想小说[②]，如果没记错的话，我给你讲过它的情节。写它的时候，我不止一次对自己说：“疯子，如果它以后出版了，人们会笑话你的！”嗯，那更糟！我有进步。席勒（Шиллер）的一句诗“**大胆地去犯错和幻想吧**”给我增加了勇气。归根结底，与艺术有关的东西，总是带有疯狂的成分。只不过有一种能够成功的疯狂被称为灵感，而另一种不能成功的疯狂被称为不幸。让我们拭目以待，看我的疯狂会属于哪一种。我早已经习惯了疯疯癫癫，也经常犯错儿。**对此你是有所了解的**，但在我这个年纪，人们已经不改变自己了，最奇怪的是，我也不想改变，可能是因为我改变不了。

给我写信时，你要回答我关心的下列问题：你是否把我的西班牙-茨冈油画运到了“亚申”，是否开始改进性地临摹它了？你房间里化妆的地方是否安排好了？你对它满意吗？马赛尔

①4月5日，玛丽安娜·维亚尔多嫁给了作曲家阿·杜维尔努瓦。
②《爱的庆功曲》。

(Марсель)[1]会说话了吗？听说，她很可爱（完全随她家人了）。你应该给她塑个像冉娜（Жанна）[2]那样的半身像。把这两个塑像都送给我，好让我能够亲吻他们，**在你为她们塑像的时候，你就想，我在千万次地亲吻你宝贵的双手**。

萨温娜（Савина）夫人没有来斯帕斯科耶，她也不能来了。她回彼得堡去了，因为签了几周的演出合约。离开戏剧她就活不下去，就像鱼儿离不开水。而且，就像人们说的那样，她必须这样！**一雪前耻**，因为莫斯科观众对她的态度总体来说很冷淡，而对彼得堡的观众，她很有信心。听不到她说话，我一下子感到心情十分舒畅。跟她谈话（或者更准确地说，**与她打交道**。）确实有意思，因为能感觉到她与众不同，性情也活泼。但是，戏剧把她彻彻底底地毁了，而最重要的是，她可能会妨碍我的工作，而我不能浪费时间。

现在，我们这边正值割草时节，空气中弥漫着干草与草莓的气味，草丛中有很多熟透的草莓（家里人吃多少这种草莓，人脑是算不过来的！孩子的小肚子明显地鼓起来，但没有消化不良的！我也吃得两腮鼓鼓的）。今天天气晴朗，有风，树木因此感到非常快乐，甚至连每天响在耳边的、它们发出的声音都好像在流光溢彩。云雀不再唱歌了，但杜鹃落户在离家30步远的地方，不停地重复自己的两首曲子，教堂里也回荡着它的歌声。我们的教堂就位于房子前面。**好朋友**波隆斯基（Полонский）作了一幅小画，我将把它带到“亚申”去：上面画的是斯帕斯科耶庄园和它的

①克洛季与乔治的小女儿。
②克洛季与乔治的大女儿。

周边地区。德国风格的波隆斯基仍然不失风景画家的天赋。信马上就要写完了，我只能用我能够想象的所有温柔拥抱你，也请你替我拥抱其他人，从乔治开始。

你的伊万·屠格涅夫

屠格涅夫写给克洛季·沙姆罗的信

1881年7月6（18）日，斯帕斯科耶

我亲爱的、最喜欢的季季！

今天是你妈妈的生日，我收到了你亲切、可爱的来信。现在我正拿着笔坐在桌边给你写回信。我的心当然早已飞到了“亚申”。我这里现在是6点，你们那里是4点半。我看见你们都聚集在一起，而善良的乔治正忙着为今晚的宴会挂照明用的威尼斯吊灯。我非常希望你们那里的天气比这边还好。我不怀疑，你们会有那么一点点地想念我，尽管不多，可我无时不刻不在想念你们，今天晚上，我要为你们喝上一杯，遥遥地，呜呼。祝福被别的妈妈包围的我们的妈妈，身体健康。我还想补充一句，忍耐！再过不到一个月的时间，我就要看见我亲爱的家人了，但我想，9月中旬之前是看不到你了，因为我回去时，你已经飞去喀布尔了。这减轻了我提前到来的高兴之情。必须不断地告诉自己，忍耐。

你问我是否开始工作了？（**至于你的另一个问题，我爱不爱**

你!!!我用不着回答。你太清楚你对于我来讲意味着什么，和我对你的感情了。）我的回答是：既开始了，又没有开始。几乎没写出什么东西来。但我感觉到有什么东西在脑海里蠢蠢欲动，就像罗西尼常说的，我已经好久没有这种感觉了。人物、形象、性格都已经有了。可还有变化，只有把它们都记录在纸上之后，我才会满足。我写得不多，但很轻松。我需要的词语好像很快就出现了，脑袋里也有茅塞顿开的感觉。也许，这些都是瞎说，是我糊涂了。但这使我感到快乐，因此还是很感激。我觉得我写信告诉过你，我的幻想小说写完了，现在我又构思了一个新的，因为一个十分有趣的梦给了我灵感，关于这个梦，我以后找机会讲给你听。一段时间以来，我每天夜里都做梦，应该把它们记下来。等我回去时，记住提醒我给你讲一个梦，梦里有一个蒙面纱的女人，这个情景我忘不了。

路易莎与儿子分别13年后才见面，多么奇怪！这些年他几乎长成一个男人了！

我想不起来是否在舞台上见过这样的情景。在舞台上平平常常，甚至接近真实地表现这个很容易，但逼真地表现它简直难于上青天。很久以前，莎士比亚或许能做到这一点，现在，或许列夫·托尔斯泰能做到，也只有他一人能做到了。顺便说说托尔斯泰，再过五六天，我会在斯帕斯科耶见到他。而你用来善意地开我玩笑的萨温娜夫人，我几乎可以肯定，她不会来了，即使她来，我也可以不费力地遵守对你的承诺：这捆干柴的小火苗早就熄灭了。装腔作势的样子过于外露，她只生活在戏剧中，以戏剧为生活，为戏剧而生活。巴兰达尔（Баландар）肯定会这样说她，一个装腔作势的人倒下了，另一个装腔作势的人站起来。

不过，马赛尔是迷人的，我是这样看她的。她像一个人。我发现她的小脸，不是线条，而是表情，很像姥姥波林娜，你说是不是？冉娜有进步吗？你转告她，说我一直在等着她的亲笔信。

波隆斯卡娅夫人的女儿今年10岁了，非常可爱，我有点儿喜欢她。但提到孩子，只有维亚尔多家的孩子是好孩子，其余的全是坏蛋！

最近，斯帕斯科耶发生了一幕惨剧。我们的露台前面总是聚集着一群麻雀，突然飞来了一只老鹰，翅膀触地，离我们只有两步远，在我们眼皮底下抓走了一只麻雀。它还没来得及叫一声就成了俘虏。剩下的麻雀发出有点特殊的尖叫声，飞进了灌木丛。这只老鹰做得没错，但死亡总是带有荒谬和意外的成分，即便它是为生命服务的。然而，没有比死亡更常见的事情了！

类似的哲理太多了。我最好还是利用剩余的空白，**百次吻你尊贵的双手并告诉你，迄今为止我还健在**。其他的你都知道了。替我亲吻所有的人，从乔治开始，你要坚信，我特别爱你。

波林娜·维亚尔多致屠格涅夫

1881年7月20日（8月1日），布日瓦尔，星期一

昨天，路易第81次庆祝了他的7月31日！

我刚刚为您抄完了《这就是我的镜子》（*Вот зеркало мое*），我把它连同这封信一起寄给您。唉，如果把自己的镜子送给维纳斯的那位夫人，像我现在这样风华绝代，那我毫不怀疑，她肯定会非常愿

意把镜子扔到地上。您瞧，我亲爱的屠格涅夫，前天我的鼻子被一种不知有多可怕的昆虫给咬了！从那时起，我可怜的肿包就发炎了、变红了，而且还在继续肿胀。这事发生在我乘电车去巴黎的路上。因此，我既不能抹氨水，也不能抹醋，总之什么都不能做。夜里，这东西也让我不得安生，我无法抑制地想要揪掉自己的鼻子（我整夜没合眼），不得不叫了医生马尼因（Маньен）来，他给我开了一些氨基敷剂、敷药布，嘱咐我避免受风和吹过堂风，还开了一种叫古尼亚季的药，他担心这个肿包会变成湿疹，而我更是怕得要死，所以对他的嘱咐言听计从，一点不敢疏忽。但要是您看见我现在的样子，那真是太可怕了！无疑，我也要把自己的镜子送给库里普斯（Киприда，爱与美的女神阿佛洛狄忒的别称）！①

我想，帕纳耶娃（Панаева）②小姐能把我的小乐曲演唱得非常好。我是否应该把这首曲子送给她呢？请您定夺。

昨天，布日瓦尔节以美好的天气开场。还从来没有过这么多漂亮的小店铺。我们给爸爸买了一个鸟笼和四对漂亮的小鸟作为礼物，一对是卷尾鸟，一身栗色羽毛，黑色的小脑袋，深蓝色的小嘴。一对是灰色孟加拉鸟，长着小红嘴。还有一对是灰色带花纹的孟加拉鸟，颈部羽毛是红色的。雄鸟在雌鸟前面，更准确地说，是在它旁边，蹦蹦跳跳，啾啾地唱着特别滑稽、笨拙的曲子，在这十分艰难的练习结束一阵子之后，为了表达自己的满意之情，它的贤内助半闭上双眼，歪着小脑袋，让自己的崇拜者在

①雅科夫·彼得洛维奇·波隆斯基回忆道，这个消息令屠格涅夫十分不安，以至于准备立即动身前往法国。

②波林娜·维亚尔多的女学生。

自己身边找虫子，而崇拜者几乎是狂热地在做这件事情。第四对小鸟身体是深褐色的，而腹部是橙黄色。所有的小鸟都很有趣、可爱。集市上有人出卖自己抓来的鸟，所以能遇到一些相当稀有的品种。如果您愿意，两只鹦鹉100到200法郎不等！有一只红色带黑白条纹的鹦鹉（但不是在布日瓦尔），会说话的，值1000法郎！您看，目前我们在布日瓦尔还没见过这样的奇事。

今天，倾盆大雨下了一整天，这就是您女朋友的剪影。对此您会说些什么？放心，今天她不会亲吻您，但还像以前一样爱您。

是不是该给这个曲子起名为《**库里普斯的恩赐**》呢？**当然，**要用俄语。

1883年9月22日，屠格涅夫于布日瓦尔死在波林娜怀中。

第四章 后续

屠格涅夫的逝世，令许多仰慕其才华的人感到痛苦，其中包括与他素未相识的人。他们需要找到造成他们重大损失的责任人，他（准确地说，是她）很快就被找到了。这当然是波林娜·维亚尔多。一个冷酷、贪婪的女人，她把屠格涅夫从他的家乡夺走并“比埋一条狗还潦草地”埋葬了他，因为她没有遵照东正教的所有仪式去做。

维亚尔多曾在慈善晚会上为其唱过歌的洛帕京（Лопатин）后来这样评价她：“维亚尔多？屠格涅夫的善良天使？她从俄罗斯手里夺走了屠格涅夫。而维亚尔多家族算什么？据我了解，那是一种法国式的女子教育，在她周围聚集了许多名人朋友，把她变成她那个样子的，是她的丈夫和情人屠格涅夫，如果说他曾经担当过这样的角色的话。她的丈夫是位非常有头脑的先生。只有对于我们俄罗斯人来说，维亚尔多先生才不过是波林娜·维亚尔多的丈夫，而对于法国人来说，维亚尔多夫人不过是路易·维亚尔多的妻子。在文学与艺术领域，维亚尔多先生是位造诣深厚、学识渊博之人。他对政治感兴趣，并且有很多的思考。法国人都知道他。

俄罗斯明显感觉得到，遇到波林娜之前与之后，屠格涅夫的作品有很大的差别。之前他的作品中有普通人，而之后已经没有了。对年轻人的表现不是完全符合现实的。那屠格涅夫靠什么活着的？波林娜是怎样吸引屠格涅夫，并让他离开俄罗斯，一直追随她的？请您读一读他写给波林娜的信。那全是思念，全是对她的激情，没有别人。她把他从俄罗斯夺走了。读一读他的日记也是很有益处的。如果维亚尔多家人没有因贪婪而卖掉日记，它应该就在他们家里。”

还有一种相对客观的回忆。不管怎么说，作者（阿列克谢·彼得洛维奇·博戈柳博夫）承认维亚尔多有存在的权利，而屠格涅夫有爱的权利。但是，他和洛帕京一样，没有把女歌唱家当作一个独立的个体，而认为她是身边的男人努力教化的结果，并详细回忆关于他们的各种谣言。

“我认识维亚尔多（先生），我对他有自己的高度评价。”这本回忆录的作者写道：“首先，他精通音乐，熟知人性，因为他把朴实的茨冈姑娘波林娜·维亚尔多变成了一位伟大的演员，并给予了其全方位的教育，使其受用一生，成了作曲家、伟大的女音乐家和天才的培养者。人们说她是个贪婪的女人，经常压榨自己的女学生。这是真的，但只针对有钱的学生。她也教过很多穷学生，给他们生活费，利用自己与众多赞助商和演员的人际关系，安排他们上台演出。这里我说说由波林娜培养出来的、我们可爱的姑娘伊林斯卡娅（Ильинская），但说句实话，她的嗓音从来就不适合戏剧，只适合音乐会。而通过波林娜找到工作的女学生更是多得数不胜数。

在与我交谈之际，屠格涅夫的朋友帕维尔·瓦西里耶维奇·安年科夫还讲了关于自己朋友的几个真相，而这些真相我认为是从来没有落在纸上的，因此，它们也会透露并加深波林娜·维亚尔多与伊万·屠格涅夫之间关系的独特性。

从伊万·谢尔盖耶维奇对波林娜·维亚尔多一见钟情的年轻时代起，有整整两年时间，她几乎都在嘲笑他的热情。但屠格涅夫极高的智慧和才华，征服了这位天才的女演员。他们曾居住在时尚的巴登—巴登。屠格涅夫的别墅就坐落在他们家旁边。但在这里，屠格涅夫有过一次痛苦的经历。维亚尔多难改自己的茨冈习气，有一段时间与巴登斯基王子同居。据说，著名的小提琴家波尔·维亚尔多就是波林娜与王子所生。那次中断关系对屠格涅夫来说是个沉重的考验，但两年之后，他们之间的关系就得以恢复，并一直持续到生命的最后时刻。在巴黎居住期间，天气不好的话，伊万·谢尔盖耶维奇的痛风就会发作，我曾不止一次在这样的时候到他家去。当然，维亚尔多夫人来找他时，我会立刻回避。但我还是马上就注意到，我们的病人脸上放光，而维亚尔多夫人对他十分温柔和关爱。当然，任何人都不能批评他们的生活。屠格涅夫住在3楼，占两个房间，他十分幸福和满足。波林娜凭着自己火热的性情成为家里的偶像，必须注意到伊万·谢尔盖耶维奇的细心，他以各种细腻的方式讨波林娜的欢心。

两个女儿长得很可爱，但沙姆罗小姐比她的妹妹更崇拜屠格涅夫。我有幸分别参加了两姐妹的婚礼。婚礼都是在英国教堂举办的，没有任何与神甫有关的仪式，但有最好的演员唱神圣的颂歌，由著名的圣·桑[①]演奏并指挥乐队。根据父母的意见，孩子们没有进行洗礼仪式，只是到政府部门进行了注册，在这方面，伊万·谢尔盖耶维奇表现出自由思想，但我仍认为他是名信徒。”

从本书所引的那些书信中，您能看出写信人是维亚尔多从大街上捡回来，并教会一切的坏女人，一个疯狂的茨冈女人吗？可最早的通信仅在波林娜结婚3年之后就开始了。不过，深入了解了波林娜·维亚尔多之后，博戈柳博夫对她充满了敬意。他接下来写道：屠格涅夫与波林娜的生活与普通人的生活不同。我认为，波林娜·维亚尔多与伊万·谢尔盖耶维奇是真正情投意合的一对。至于说她冷酷，精于算计，那是另外一回事，尽管无据可查，但也确实与我们无关。如果已故的屠格涅夫，对这位伟大的女歌唱家和悲剧性的女演员的所有这些毛病心怀不满，他就不会与她在同一屋檐下生活40多年，更不会忍受她狂野的性情和所给予的委屈（别人都这样说），甚至屈辱。不，所有这一切在高尚的优点面前都是微不足道的，这些优点使他迷上了一位奇女子。一位其貌不扬的美女。他不可能有别样的女友，而那些恨不得把自己的离世和自己的固有爱情，强加在屠格涅夫身上的人，对事实多有曲解。伊万·屠格涅夫的生活和爱情，必须与众不同，因为他看待自己所有创作的眼光也是独特的，所以他才名垂千古。而他留下的金钱、别墅、房子、财产，这一切都算不了什么，所有这一切在42年的爱恋和维亚尔多夫人给予他的哪怕一瞬间的身心

---

①夏尔·卡米尔·圣·桑（Сен-Санс, 1835—1921），法国著名的钢琴及管风琴演奏家，多产的作曲家。其作品对法国乐坛及后世有深远的影响，重要作品有《动物狂欢节》《骷髅之舞》《参孙与大利拉》等。——译者注

快乐之前都是苍白无力的。因此任何人都没有权力提出道义层面的问题，问为什么伊万·谢尔盖耶维奇没有给雅科夫·彼得罗维奇·波隆斯基[①]，或者学校留下任何东西等。这一切都是他的，他有权处理自己的财产。梅谢尔斯基（Мещерский）公爵曾对我说，他从屠格涅夫生前与他的谈话中，得出了一个结论：伊万·谢尔盖耶维奇想知道维亚尔多夫人对他安息之地的意见，如果维亚尔多夫人说愿意与他合葬在蒙特马尔的家族墓地，那么俄罗斯就不会得到他的遗体。他期待这个决定，但是维亚尔多夫人最终没有这样说。

丧事之后，又过了一段时间，我去布日瓦尔拜访了维亚尔多夫人。她非常亲切地接待了我，这让我感到很意外，因为报纸上的文章、俄罗斯的杂志和很多崇拜伊万·谢尔盖耶维奇的人，对这位伟大女演员评价都不是很高。所有人都在高声抱怨，除了自己的家族领地，屠格涅夫把所有财产都留给了维亚尔多夫人，而最重要的是还有他著作的版权（将马上就以50000卢布的价格，被卖给了格拉组诺夫），人们批评伊万·谢尔盖耶维奇缺乏爱国主义精神，说他只是口头上爱俄罗斯农民，而事实上早把他们忘了。有些夫人对他的死感到惋惜，是因为他答应把自己的英名加入她们的专辑，却食言了！而我们永志不忘的伊万·谢尔盖耶维奇一生的天才女友，则十分平静而庄重地对我说了下面这段话：“那些所谓的屠格涅夫的朋友，有什么权力抨击我和他之间的关系？所有人生来都是自由的，他们的行为只要没给社会造成危害，就不

①雅科夫·彼得罗维奇·波隆斯基（Я́ков Петро́вич Поло́нский，1819—1898），俄国纯艺术派诗人，早年生活颇为贫困、艰难。——译者注

应受到任何非议！我和他的行为与感情都是建立在我们自己的、普通人不能理解的规则之上的，甚至很多自以为聪明、诚实的人，也理解不了我们的规则。我和我的心上人共同度过了42年，可能伤害了自己，但没有伤害到任何人。可是我们彼此太理解了，所以用不着在意伤害和别人对我们的看法，因为熟悉和珍惜我们的人，都认可了我们双方的地位。如果俄罗斯人珍惜屠格涅夫的名望，那么我可以骄傲地说，与之并列的波林娜・维亚尔多的名字无论如何不会贬低，也许反而会提高他的名望。坏人说，我骗光了屠格涅夫的财产，但他们不知道，我们之间存在着一种可以消灭双方任何物质企图的保障。”

但是，当饶舌者们兴高采烈地进行诽谤时，屠格涅夫在生命的最后时刻称之为“女王中的女王”的波林娜，却承担着痛苦的义务。同一年的几个月前，她安葬了自己的丈夫，现在，所有葬礼事宜的安排，也都落在了她的肩上。在屠格涅夫弥留之际，她和画家恩・卡・利普加尔特（Э. К. Липгарт）一起为其画了几幅画像。人们将屠格涅夫的遗体放进深灰色的棺材里，运送到巴黎达鲁街上，俄罗斯教堂的地下室。9月7日的安魂弥撒聚集了所有的“巴黎的俄罗斯侨民”，“整整一群身材高大、长着圣父一样的胡子的人，整个俄罗斯，它的存在不容置疑。”埃德蒙・德・龚古尔[1]回忆道。博戈柳博夫写道：“我们完全按照东正教的方式安葬了伊万・谢尔盖耶维奇。我们大使馆教会的大司祭德・弗・瓦西里耶

①埃德蒙・德・龚古尔（Эдмон де Гонкур，1822—1896），法国自然主义小说家，与弟弟茹尔・德・龚古尔（1830—1870）合称“龚古尔兄弟”。两人合作共同创作了二三十部作品。——译者注

夫作为屠格涅夫的同乡，在灵柩前做了精彩的致辞，细数了屠格涅夫的真挚、善良和对亲人的爱。”特别肃穆的黑色灵堂配得上伊万·谢尔盖耶维奇的身份。里面点着12支巨型蜡烛。它可以容纳1000人的队伍。一群面带悲伤的人，庄严地走进来并献上带有题词的花圈。这是些虚无主义者或好听点，是拉丁街区的居民[1]。晚上8点，棺材被火车运走了。第二天，维亚尔多的两位女婿，沙姆罗和杜维尔努瓦先生将动身去俄罗斯边境及更远的地方。

9月15日，波林娜找到驻巴黎的俄罗斯大使奥尔洛夫公爵，请求他允许将屠格涅夫的遗体送回俄罗斯。得到准许之后，她的女儿季季、玛丽安娜和她们的丈夫们就护送灵柩上路了。波林娜本人没有随行，可能是由于身体不好，也可能是害怕俄罗斯人对她的敌意。1883年9月27日，屠格涅夫被安葬在沃尔科夫墓地。

9月17日，波林娜就恢复了自己的教学工作。女学生们注意到，她特别悲伤，有时会焦虑、走神，但后来又慢慢恢复了热情和体贴，经常请他们吃美味的早餐。

第二年，她卖掉了布日瓦尔的房子和别墅，按照同时代人的说法，“从杜埃大街的交际女王，变成了圣—热曼林荫路的隐居者”。大概，她觉得必须要离开那个每时每刻都能让她想起已逝者的家。从她的新居所，位于圣—热曼林荫路243号顶层的一套房子的窗户里，她能看见道赛沿岸街、塞纳河、波旁宫、卢克索方尖碑、爱丽舍大街和蒙马特尔山。回忆永远与我们同在，但生活还是要继续，这正是需要明白的一点。

---

①即大学生。

然而，过去不是只有美好的回忆。波林娜·屠格涅娃的前夫，布吕埃尔把维亚尔多告上法庭，争夺屠格涅夫的遗产。1885年初，庭审勉强结束，波林娜胜诉。于是，她开始整理作家留下的手稿和遗物。这时，又爆出了新的丑闻。屠格涅夫的最后一部短篇小说的名字，具有象征意义，叫《终点》(*Конец*)，是他口授、波林娜笔录下来的。波林娜把它寄到俄罗斯，想要在那里发表。可突然间冒出传闻，说这篇小说是“波林娜的伪造品”，与屠格涅夫没有半点关系。而这些传闻，都是由屠格涅夫与波林娜共同的好友П.В.安年科夫散布出去的，尽管波林娜还曾请求他整理作家的档案，称他为“最宝贵的朋友，最诚实的批评家”。不过，最后这篇小说还是在《田地》(*Нива*)杂志上发表了。

波林娜继续教课，为自己的学生安排演出邀请，随时准备帮助和支持他们，比如，“调整”最难的音部，使之适应某些嗓音。

虽然年岁渐长，但波林娜依然热爱生活。她曾对自己的朋友们说过：“年纪越大，我对身边的人和事越感兴趣。世界上有这么多美好的事物，就是为了让你好好欣赏的。有这么多的人，就是为了让你去爱的。”她继续创作音乐，她的轻歌剧和舞蹈哑剧，在舞台上都取得了成功。

1886年6月12日，彼得·伊里伊奇·柴可夫斯基拜访了波林娜。她经常演唱柴可夫斯基的浪漫曲，所以很高兴与他见面。后来，柴可夫斯基给家人写信描述了这次见面的情形：“昨天，我在维亚尔多老太太家里吃了早饭。她是个十分与众不同和富有生趣的女人，我完全被她吸引住了。尽管已经70高龄了，可她的状态还像40多岁的女人，活泼好动。她开朗、热情、周到，使我从进门第一刻起就感觉像在家里一样。”后来，他又多次拜访过波林娜，她给他看她珍藏的《唐·璜》乐谱，为他唱莫扎特的《唐·璜》。“（听完就觉得）好像握过莫扎特的手，并与他交谈过似的！”柴可夫斯基这样写道。

波林娜·维亚尔多活到了新世纪，20世纪。她逝世于1910年5月18日。俄罗斯发表的她的讣告上有这样一段话：“她的名字将带着异常明亮的光环，长留在音乐史上，而俄罗斯社会将永远记住她，因为她是我们伟大作家亲密的、深爱的女人，她不但忠于他，而且还鼓舞他、保护他，使他免受孤独之苦。”波林娜被安葬在蒙马尔特墓地路易·维亚尔多的身边。

附录

П.В安年科夫

И. С屠格涅夫的青年时代

“安息吧!”悼词往往以此结束，它表达了生者忘记有损死者德行的一切前尘往事的愿望。但这种动人的感叹，却只适用于从未出类拔萃的庸人。而对于其他所有人来说，这句话听起来很奇怪，因为他们刚一去世，人们就会开始研究他们的活动及他们对社会的贡献，结果总是找到一大堆他们在社会中可能遇到的阻碍。只有生活平庸、思想低俗的人才可以指望“安息”，但那些享有盛名的人应该料想得到，从他们生命结束的那一刻起，就会爆发批评的声浪、出现数年无法定论的争议。令人惊奇的是，无论是屠格涅夫的葬礼之前还是之后，类似的情况都没有发生。他的棺木上摆满了从四面八方送来的鲜花，被隆重地送到墓地，途中没有遇到任何阻碍和抗议。贬低独立劳动、天才和知识的旧的历史仇恨，尽管在社会上还时有表现，这时也暂时偃旗息鼓。相反，欧洲先进人物和俄罗斯人，对诗人的意义与影响的评价十分一致，这是很少见的。从所有民族的观点出发，他都是一位无上荣光的“叙事者”，像在战场上建立功勋的英雄，像战胜对手的外交家，像站在等级制台阶最上层的那个人。这位“叙事者”究竟凭借什么，使人们改变了平常的行事规律，无论敌友，在他去世的第二天，都众口一词地祝福他呢？

那就是他的作品，综合了艺术揭示、他所提倡的生活科学，和他的个人魅力的作品[①]。我们已故的长篇小说家，在自己漫长人生的中途，已经成功地把自己的德行与作家本身的高尚思想和创作完美地结合起来，使它们成为一个统一的形象，感动并吸引着有教养的人们。我们仅举几个他在国外生活时的例子吧。翻译完他的短篇小说《活力》(*Живые мощи*)，乔治·桑立即给他写信，说：“导师啊！我们所有人都应该向您学习。”(法语)“奇怪而令人害怕的想法，”悄悄地告诉我著名小说家对他的评价时，屠格涅夫补充道：“但听到这样的评价仍然让人感到高兴。”总之，他无论如何也不愿意接受他的德国、法国朋友提出的他是欧洲叙事创作代表人物的称号，而几乎同意了《公众报》(德语)(当时还叫《奥格斯堡日报》)恶毒嘲讽的说法，即德国人崇拜“莫斯科”美学。他常说，他的小说之所以成功，是

① 在不久前刚刚出版的居斯塔夫·福楼拜与乔治·桑的通信《新评论报》(*Nouvelle Revue*)，1883年12月中，经常提到屠格涅夫的名字。早在1866年，福楼拜曾经写道：“昨天和前天我和屠格涅夫一起吃了午饭。这个人具有惊人的描摹才能，甚至在交谈中，他就描摹了一幅乔治·桑在维亚尔多夫人罗萨城堡的阳台上的肖像。塔的下方有条小河，河里有条小船，屠格涅夫坐在这条小船的长椅上，从下向上望着您。夕阳的余晖在您的黑发上闪烁(法语)。”在另一封信中，他感叹道：“我跟您说过，屠格涅夫来看我了吗？如果您看见了他，您会深深地爱上他。(法语)”(П.В.安年科夫注)。

因为其中所表现的事物是新的，还因为本国与异国的读者在其中看到了之前没有预料，和不曾想过的道德品质与独特的美。他在这方面的谦逊经受住了很多诱惑，而立场不够坚定的人，肯定会被那种诱惑冲昏头脑。欧洲世界的大部分名人纷纷向他致意，而他依然冷静。卡莱尔（Карлейль）肯定地说，他还从未读过比《木木》更感人的小说；老基佐[①]表达了想要结识《多余人日记》（*Дневника лишнего человека*）作者的愿望。他认为，这篇小说就是一个心理特写，揭示了人类内心深处不为人知的秘密，当时还年轻、踌躇满志的莱昂·甘必大[②]曾邀请屠格涅夫参加国会早宴，并谈论了客人家乡的事情。众所周知，泰纳[③]在自己的《革命史》（*История революции*）中曾引用《活力》作为真实再现人民对生活的理解的例子。同样人所共知的还有拉马丁[④]在描述与屠格涅夫的会面时激动万分，甚至显得有点可笑。更不用说诗人的好友福楼拜、都德[⑤]、左拉[⑥]、莫泊桑[⑦]、勒南[⑧]的评价了，俄罗斯读者都非常了解。无论什么都改变不了屠格

①朗索瓦·皮埃尔·吉尧姆·基佐（Гизо，1787—1874），法国历史学家、政治家，1847—1848年间任法国首相。——译者注

②莱昂·甘必大（Леон Гамбетта，1838—1882），法兰西第二帝国末期，和第三共和国初期著名的政治家。——译者注

③伊波利特·阿道尔夫·泰纳（Тэн，一译丹纳，1828—1893），法国19世纪著名的文学批评家、历史学家、艺术史家、文艺理论家、美学家。主要著作有《拉封丹及其寓言》《巴尔扎克论》《英国文学史引言》和《艺术哲学》等，在欧洲文艺界引起过强烈而广泛的反响。——译者注

④阿尔封斯·德·拉马丁（Ламартин，1790—1869），法国浪漫主义抒情诗人。——译者注

⑤阿尔丰斯·都德（1840—1897），法国著名小说家。——译者注

⑥爱弥尔·左拉（1840—1902），法国著名自然主义小说家和理论家，自然主义文学流派创始人与领袖。——译者注

⑦居伊·德·莫泊桑（1850—1893），法国著名作家，尤以短篇小说著称，人称“短篇小说巨匠”，与俄国的契诃夫和美国的欧·亨利并称为“世界三大短篇小说家”。——译者注

⑧勒南（一译列南，1823—1892），法国哲学家、宗教历史学家。——译者注

涅夫在国内养成的谦虚本质，德国批评家尤利安·施密特在研究《烟》时，曾向他提出这样的问题："既然您如此悲观，那么请您解释一下，为什么您的国家创造了如此伟大的政绩，并出现了像普希金和您这样伟大的人物？"即使在这时，屠格涅夫依然十分冷静。贵族皮契（Pietsch）刚刚翻译完喜剧《入伙房客》（*Нахлебник*），则视在德国传播屠格涅夫作品为己任，而且只要一发现屠格涅夫又有了一位新的疯狂崇拜者或女性崇拜者，就忙不迭地告诉他。后来，德国出现了很多像皮契这样的屠格涅夫的忠实信徒，但这仍然没有让他丧失清醒和理智。其实，我们所说的还没有达到他在国外受欢迎程度的十分之一，考虑到这一点，应该说我们的长篇小说家的谦虚品质的确是难能可贵的。

同时，И.С.屠格涅夫逐渐步入德高望重的老年，并在其所熟悉的罗曼语、日耳曼语和俄语世界取得了极大的名望，但他还是非常谨慎，好像随时都在约束自己不要冒失。他必须告别青涩、改掉初登文坛时养成的许多不良习惯、改变之前与人交往的方式，才能确立自己的地位。屠格涅夫的青年时代算不上惊天动地，但是放荡不羁，而在变得老成持重之前，他经历了一个逐渐地收敛、约束、遵守某些生活准则的过程。在这里，我们要回顾一下这段颇有教育意义的历史。

1

在屠格涅夫第一次出国求学（1840）的前两年，莫斯科和彼得堡就已经有了关于他的传闻[①]。据说，1838年他出过国，出发时所乘的就是在梅克伦堡海岸附近失火的那艘船。当时，他和其他乘客一起向救生船求救，小船把他们送到了一个不太好客的地方。据当时同船的人讲，屠格涅夫在船上就惊慌失措、焦急万分，哭爹喊娘的，还说自己是有钱的寡妇的儿子，尽管她母亲有两个儿子，但他也不应该死掉。人们相信这个传言，因为他当时实在是太年轻了（只有20岁）。连后来在柏林见过屠格涅夫的格拉诺夫斯基[②]也说，他发现屠格涅夫总带着一个上了年纪的农奴，玩一种特别弱智的纸牌游戏。当他回到俄罗斯时，人们都只是觉得这是一个在德国受过教育的粗俗公子哥，德国教育只是给他表面镀了一层金，并没有改变他的本质，认为他充其量是一个德国式大学生，足够聪明，但总是蔑视一切、出言不逊、爱吹牛。莫斯科和彼得堡的人，当时对他应该还是不太接受，所以他们最初对他的评价都非常不好。但尼古拉·弗拉基米尔洛维奇·斯坦凯维奇很了解柏林时期的屠格涅夫，好心提醒莫斯科的朋友，不要仅凭第一印象来评价他。他认为，屠格涅夫确实不够圆滑，外形笨拙、内心也不成熟、经常惹麻烦，但他发现屠格涅夫身上有睿智、天才之迹象，注定能够改变人们。相

① 1840年末，安年科夫在柏林遇到了И.С.屠格涅夫，在《美好的十年》（*Замечательное десятилетие*）的第十二章结尾，他描述了这次见面的情形。但他们正式相识实际上很晚，应该是在1843年的彼得堡，当时屠格涅夫与别林斯基走得很近，经常去这位批评家家中做客，参加了涅克拉索夫、И.П. 帕纳耶夫、丘特切夫的团体，每周六还去科马罗夫家聚会。18世纪30年代末—40年代初，安年科夫对青年屠格涅夫在国外所交往的人（斯坦科维奇、巴枯宁、格拉诺夫斯基等等）还不太了解，所以，此处他所说的确实只是当年他听到的“传闻”。后来，从别林斯基、格拉诺夫斯基，还有屠格涅夫本人口中，以及他为《书信集》和Н.В.斯坦科维奇传记的资料整合中，他得知了那些年屠格涅夫的生活和爱好方面的许多新消息，并在传记性随笔《Н.В.斯坦科维奇》（*Н.В.Стакевич*）（1857）中提及。

② 季莫菲伊·尼古拉耶维奇·格拉诺夫斯基（Тимофей Николаевич Грановский，1813—1855），俄国历史学家、社会活动家。——译者注

对来讲，赫尔岑[1]的态度则简单、粗暴、不够公正。1840年第二次被流放之前，赫尔岑通过别林斯基认识了屠格涅夫。他的评价可以用三言两语简单概括，他说，别林斯基研究还是研究点大书小书得了，别老想着关心别人，这方面他不在行。[2]之所以让赫尔岑产生这样的印象，是因为在赫尔岑面前，屠格涅夫与在其他人面前一样表现得过分自负，把自己的每一个想法都说得像不容置疑的真理。这种特点暂时掩盖了隐藏在他内心深处、后来成了他谈话魅力所在的那些东西。

奇怪的是，人们对他的指责只有小部分是正确的。他天生富于幻想、想象和创造力，只是由于年轻，他还不能很好地利用这些天赋，使之为自己服务，反而让它们影响了自己的形象。在交谈的过程中，只要屠格涅夫捕捉到某种想法或形象，他就表现得好像这都是他想出来的，他有权支配它们，从而让自己成为谈话的中心，控制着谈话的方向。某个话题刚要被提起，他头脑里就蹦出一大堆类似的问题，把主要问题给掩盖了。他的大部分听众，他总是有很多听众，经常忘记了最初的话题，而是津津有味地听起了神奇的故事，欣赏起未经思量的无意识创作，这些临时的口头作品中包含着最大胆、最鲜明、最惊人的想象。起初，人

① 亚历山大·伊万诺维奇·赫尔岑（Алекс а́ндр Ив а́нович Г е́рцен，1812—1870），俄国哲学家、作家、革命家，主要作品有《谁之罪》《往事与随想》。——译者注

② 别林斯基与屠格涅夫相识于1843年2月，但之前早就听说过屠格涅夫，并读过他的署名“Т.Л.”的作品。例如，参见他1842年7月初写给瓦·彼·鲍特金的信件（见第111页）。屠格涅夫是通过别林斯基认识的赫尔岑，但不是在安年科夫所说的1840年，而好像是在1844年初，地点也不是彼得堡，而是莫斯科，当年2—4月，屠格涅夫一直在莫斯科。安年科夫在这里所说的赫尔岑对青年屠格涅夫的评价是真实的，详情可见1844年3月1—13日赫尔岑从莫斯科给凯切尔的书信。

们都觉得屠格涅夫身上带着孩子气的天真、美好的气质，整天陷于自己的幻想和想象之中，但最终人们形成了一致的观点，认为他从来没有说过真话，没有表达过真实感受，只有在脱离真相和现实世界时，他才是风趣、迷人的。当然，任何人都没有将他与赫列斯塔科夫（Хлестаков）[①]混为一谈，后者是个纯粹的骗子，用谎言来掩盖自己的渺小，自欺欺人。而屠格涅夫那富有诗意的谎言开发了大量信息，并经常涉及很多严厉指责他的批评家都不知道的问题。青年屠格涅夫的目的很明显，就是创造作品的文学效应，和赢得与众不同的名声。这才是正确的理解。

当时，他认为做人最耻辱的就是跟别人一样。他担心自己也受到这种可怕的耻辱，因此，只要能使自己看起来与众不同，他就把那些不可能的品行与特点，甚至是恶习都强加在自己身上。他为自己打造了一副与他和善的、几乎温柔的表情严重不符的面孔。当然，没有人会被他蒙蔽太久，连他自己都很快就忘记了应该装出的样子。有时，有人对他提起他之前说过的某些话，他常常会感到震惊，认为这根本不是他说的。他说过，面对伟大的艺术、绘画、雕塑和音乐作品，他会感觉膝盖发痒，小腿转筋，转成三角形，然而，过后别人提起时，他还是认为这是别人瞎编的。大量玩笑和夸张造成的青年屠格涅夫形象深入人心，在读者头脑中保留了太长时间，甚至当本人与人们的印象大相径庭的时候，这种形象还存在着。如果不是这样，我们就用不着提起前面的小玩笑了。

值得一提的是，在屠格涅夫那个时期的著作（大部分是诗

① 果戈理的《钦差大臣》（*Ревизор*）的主人公。——译者注

歌）中，没有任何虚假做作的特点。这些作品都是认真创作的，其中对内心真实情感的表达至今还令人印象深刻，这是他向普希金学习的结果。屠格涅夫很早就开始了自己的写作生涯。如果不算他在大学时期（他1837年毕业于彼得堡大学）创作的话剧《斯捷诺》（*Стено*）和对A.H.穆拉维约夫[1]作品《俄罗斯圣地游记》（*Путешествие по святым местам русским*）的评论，以及1838年[2]在普列特尼奥夫的老《当代人》杂志上刊登的第一首诗《老橡树》（*Старый дуб*），那么，必须指出的是1841至1846年间他在《祖国纪事》（*Отечественные записки*）杂志上以Т.Л.（父母的姓氏组合屠格涅夫—卢托维诺娃的首字母）为笔名[3]发表的大量诗剧。后来他转向帕纳耶夫和涅克拉索夫创办的新《当代人》，满怀热情地参与其出版工作，并在上面发表了自己的诗歌（1847—1850年间）[4]。所有这些作品毫无疑问都打上了天才的烙印，预示着一位杰出作家的诞生，而暂时，他只是在等待展现自己的有利时机。这个时机很快就来临了。他早期所有的创作中，引起读者注意的只有两篇

---

① 安德烈・尼古拉耶维奇・穆拉维约夫（Андре́й Никола́евич Муравьёв，1806—1874），俄国作家。

② 此处有误：屠格涅夫对A.H.穆拉维约夫的书评发表于1836年8月的《国家教育部杂志》（*Журнал министерства народного просвещения*），而1836年В.А.普列特尼奥夫只是审阅了《五音步抑扬格的幻想剧》（*фантастическая драма в пятистопных ямбах*）和《斯捷诺》。1838年发表的是《当代人》杂志上的诗歌《黄昏》（*Вечер*）和《致美第奇的维纳斯》（*К Венере Медицейской*）。

③ 19世纪40年代上半期，在《祖国纪事》上署名Т.Л.发表的是《一个老地主》（*Старый помещик*），《涅瓦河》（*Нева*）、《一个很常见的人》（*Человек, каких много*）等。И.И.帕纳耶夫后来回忆道："屠格涅夫以哀歌和长诗开始了自己的文学生涯，我们所有人，包括别林斯基，都很喜欢这些作品。"（见И.И.帕纳耶夫，文学回忆录，莫斯科，1950，第250页）

④ 在涅克拉索夫和帕纳耶夫任主编的《当代人》第一期（1847）上，屠格涅夫发表了系列诗歌《乡村》（*Деревня*）。而1847年11月14（26）日，已经迷上了散文和戏剧的他，在巴黎给别林斯基写信说："我绝不再写诗了。"（屠格涅夫，12卷，第45页）

单独发表的作品，1843年的诗体小说《帕拉莎》（*Параша*）和1845年的《交谈》（*Разговор*），也是诗体的。《帕拉莎》是一个叙述精美的故事，但远没有新奇的情节，而且作品中表现出对人物开放的、嘲讽的态度，特别清新，充满浓郁的年轻而健康的情绪，引起了广泛的关注。而且，《帕拉莎》还为别林斯基提供了表现自己洞察力的机会。他不止一次说过："屠格涅夫的放肆和过失不关我事，但他写出了《帕拉莎》，而轻浮的人是写不出这样的作品的。"①至于《交谈》，其中说教和训诫的语气，则是受到了当时屠格涅夫热烈信奉（尽管他并不是始终如一的信徒）的一种学说的影响。那种学说认为，罗斯的纯艺术通过普希金已经达到了最高峰和极大的普及。因此，它只能靠边站，为带有思考性的政治哲学著作让路。②然而，这一主题在莫斯科的杂志上遭遇了激烈的反对声，但两年后的1847年，当屠格涅夫在帕纳耶夫的《当代人》上发表《猎人笔记》的第一章（《霍尔与卡里内奇》）（*Хор и Калиныч*）时，论战就停止了③。这部作品为我们的作家奠定了在文学中的

① 长诗《帕拉莎》引起了别林斯基的极大兴趣，他曾不止一次地在文章和书信中谈到它。

② 别林斯基在《1845年俄罗斯文学》（*Русская литература в 1845 году*）一文中评论了屠格涅夫的长诗《谈话录》，说这部长诗"由非同寻常的诗篇组成……充满了思想。但总的来说，整首诗受莱蒙托夫的影响过于明显"（别林斯基，第9卷，第390—391页）。屠格涅夫的诗歌，特别是《帕拉莎》《交谈》《地主》在莫斯科和彼得堡的顽固派新闻媒体中，都引起了"激烈的反对声"。П.А.普列特尼奥夫在《当代人》上，К.С.阿克萨科夫，先后在1845年《莫斯科维亚人》（*Москвитянин*）的第二期上和《1847年莫斯科选集》（*Московский сборникна 1847 год*）中先科夫斯基在《读者丛书》（*Библиотека для чтения*）中，С.舍维廖夫1846年和1848年屡次在《莫斯科维亚人》中，都对屠格涅夫的诗歌，尤其是《谈话录》进行了批评。

③ 与安年科夫所说的恰恰相反，随着《猎人笔记》的一篇篇问世，顽固派一直没有停止对屠格涅夫的攻击。例如，1848年С.舍维廖夫在《莫斯科维亚人》第一期中，发了一篇言辞恶毒的文章说，屠格涅夫属于"自然派"作家，没有诗歌天赋，只是个"缮写员"。小说《霍尔与卡里内奇》发表在1847年更新后的《当代人》杂志第一期的《杂俎》栏。1880年12月4日，屠格涅夫给安年科夫写信说："在我事业的初期，《霍尔与卡里内奇》的成功促成了《猎人笔记》的诞生。（И.С.屠格涅夫，选集，"理报"出版社，第11卷，第357页）

荣耀地位，这种地位已经是任何传闻和所谓的批评都不能玷污的了。作家从此进入了一个新的世界。

无论如何，那时的屠格涅夫需要文学，需要靠文学来养活自己。从19世纪40年代初开始，他和自己的母亲就闹僵了。母亲是奥廖尔省一位富有的、性情古怪的女地主，她不给他提供生活费，让他自己解决。直到母亲去世（瓦尔瓦拉·彼得罗夫娜于1850年11月去世），屠格涅夫的困苦生活才算结束。之前他过得像一个自尊要强的穷人，尽管自知生活困窘，但他从未让朋友知道他贫困到什么程度。极度的贫困，再加上母亲的坚决要求，使他回到俄罗斯后，就开始到内务部办公室上班[①]，在著名的民族学家弗拉基米尔·达里（Владимир Даль）手下工作。这份工作他没做多长时间，因为他的领导属于那种十分刻板的人，要求极其严苛，不但要求屠格涅夫听从他在工作上的安排，还要求对方尊重，并忍受他的喜怒无常。屠格涅夫不喜欢这个领导，尽管他也算自己的作家同行，所以很快就离职了，重新回到以前的贫困生活中，继续追求文学效果和与众不同。为此，他当时真是无所不为！他嘲笑过真诚的暗恋，尽管自己有时也在这样的依恋中，寻求放松与宁静，他挖苦过朴实而真诚的信仰，尽管他也曾认真地探索其起源与发展，把很多人物与自己进行对照，然后带着厌恶之情地抛弃了他们，因为他确信，这些人物给人的感觉都不实

①1843年中期，屠格涅夫开始在内务部上班，1845年初，他请求休假，自此就再没有回部里去。关于屠格涅夫的供职问题，参见Ю.Г.奥克斯曼的《内务部供职期间的И.С.屠格涅夫》（*И.С.Тургенев на службе в министерстве внутренних дел*）（国立斯摩棱斯克大学学术会刊，第6卷，第172—183页）。官方文件参见《И.С.屠格涅夫文集》（*Сочинения И.С. Тургенева*）的注释，第12卷，1933年，第692—697页。

干，而是自诩为天才，很容易忘乎所以。这段时间，他与女演员维亚尔多一家建立了亲密的联系。1845年，他经人介绍与她相识，并在她那里认识了剧院经理的儿子斯捷潘·格杰奥诺夫（Степан Гедеонов），此人在音乐、艺术及整体修养和渊博的学识方面，都可与屠格涅夫媲美。1846年，屠格涅夫对C.格杰奥诺夫的话剧，发表了语气十分尖锐的评论文章《利雅普诺夫之死》（*Смерть Ляпунова*）[①]，这或许是竞争的紧迫感使然。但他还有很多无端羞辱别人的天才话语没有说出来，而那样的话只有无忧无虑享受现世生活和纯粹的小孩才说得出来。因为他们用不着承担责任，用不着说到做到。他那时经常去打猎，有一次，从很远的打猎场回来后，他吹嘘自己打到了很多鸟，而且为了证明自己的话，还邀请众人第二天去他那里吃饭。听众们对他打猎的奇迹和邀请都信以为真。第二天，他们来到斯特列米亚纳亚街上一栋大楼的四层，找到屠格涅夫的住处（他们中有的人胸口痛，爬楼梯很困难），在紧锁的房门前站了很久，直到有个人出来告诉他们主人不在，也没有做任何招待客人的准备。后来，当人们说起被骗的客人们的不理解和抱怨时，屠格涅夫笑了很长时间，但没有对任何人表示歉意。这一切都证明，他觉得这都是正常的，他有权玩笑式地对待他人的信任并且似乎不因为类似行为而觉得良心有愧。有些谨慎的先生尽量避免被他的文字吸引，认为他对待自己想象的态度过于幼稚，而且他们始终清醒地保持着自己的观点。他也不喜欢这些人。他称他们为草包，但是，在他们面前他会尽

①屠格涅夫对斯捷潘·格杰奥诺夫话剧的评论刊登在《祖国纪事》1846年第8期，他十分客观地评价了这部华丽的浪漫作品。

量克制自己。他对当时存在的一些文学小组特别反感，甚至在文章中公开批评他们，彼此缺乏包容、目光短浅。不过，虽然他和有些文学小组里的文学巨匠们关系密切（而与其中的一个小组，所谓的西欧派①也志同道合），但他还是对这些小组表示不满。这与他那时及以后的基本学说有关，也和他们的私交有关。这些小组有着自己一定程度上来讲严格的行为准则和生活信条，成员们都认真地遵照和执行②。对这些小组进行攻击的同时，屠格涅夫实际上是在捍卫自己独立于社会主要潮流之外的权利，不愿屈从于现有的生存原则，不愿任何外力干扰自己内心的活动，而想让自己的思想与想象之花独立、自由地开放。

2

在与母亲的关系方面，他的做法也是一样的。值得注意的是，他身上那些真正的优秀品质在农村或家里，表现得最为突出。每一次，当屠格涅夫离开彼得堡，摆脱这个人口密集之地带

① 俄国19世纪40—50年代的一种思想派别。面对资本主义成长和农奴制行将崩溃，开明贵族们围绕恰达耶夫《哲学书简》进行论战，1841年左右在莫斯科形成了进步的西欧派和保守的斯拉夫派。西欧派在政治上提倡自由主义、反对专制制度，要求西方式的君主立宪和代议制，强调民主与法治。在经济上和社会问题上，要求自上而下地废除农奴制度，走西欧资本主义道路，实行劳动雇佣。他们推崇彼得一世的改革，要求大力发展工商业和交通，实行对外开放。该派成员包括名教授格拉诺夫斯基、谢·索洛维约夫、卡维林，政治家和作家恰达耶夫、屠格涅夫、鲍特金、安年科夫、卡特科夫等。接近西欧派的有格里戈罗维奇、冈察洛夫、德鲁日宁、迈科夫、涅克拉索夫、帕纳耶夫、皮谢姆斯基，代表人物是安年科夫、卡维林、别林斯基、赫尔岑等。——译者注

② 屠格涅夫不止一次写文章批评过当时的文学小组。在《希格罗夫县的哈姆雷特》（*Гамлет Щигровского уезда*），1849年中，通过主人公，外省的哈姆雷特之口，屠格涅夫对当时的文学小组，作出了类似的批评。在《罗亭》中，他还用长达几页的诗歌评论了波科尔斯基小组。

来的诱惑和兴奋时，他都会平静下来。用不着在谁面前炫耀了，也用不着为谁构思戏剧小品和舞台场景。农村在他生活中的作用，就像他后来的频繁出国一样，准确地定义了他应该想什么和做什么。怀着天生对暴力的深恶痛绝和践踏人权（那时，践踏人权的现象几乎每天可见）的无比憎恨，屠格涅夫从精神上和概念上向农奴制统治宣战，坚定不移地站到了所有根深蒂固的，所谓的俄罗斯生活之根本的对立面。他嘲笑莫斯科方面对俄国历史上那些约定俗成的法则，顶礼膜拜的态度，但后来，他这种隔靴搔痒、徒劳无益的抗议在当时地主掌控的农村，已经不合时宜了。他总是能不断遇到横行霸道和违法的事情，这些事触动了他的心灵，使他急于马上解决问题（但这经常是不可能的），即使不能帮忙，他也愿意对农奴的苦难表示同情和理解。

他的母亲瓦尔瓦拉·彼得罗夫娜·屠格涅娃仅在奥廖尔省一地的财产，按当时计算，就相当于拥有5000多名农奴。这是一个非凡的女人，受过良好的教育。大多数时候，她都用法语说话，日记也是用法语写的。她对两个儿子的教育说明她懂得教育的价值，但她对教育的理解与众不同。她认为，熟悉欧洲文学和接触各国的先进人物，并不能改变俄罗斯贵族根深蒂固的观念，尤其是在她的家族里代代相传的基本观念。而他的一个儿子（伊万·屠格涅夫）却以否定她认为不可动摇的那些特质为荣誉、为己任，这使她深感震惊，认为是大学教育毁了她的儿子。由于天生就爱发号施令，致使她由于遭到反对意见就暴跳如雷，并采取果断措施。她不能原谅自己的孩子，因为他们没有用所受的教育，换来在社会上的成功，没有谋到优越的工作，也没有得到任何形式的生活保障，而对于当时的许多人来说，教育的价值就在于此。由于我们的屠格涅夫没有为了迎合母亲而改变自己的思维和行为方式，他们之间产生了不可调和的矛盾，经常故意争吵，瓦尔瓦拉对财产的严格控制更加剧了这种矛盾。

作为一个有教养的女人，她没有自贬到亲自进行体罚的地步，但年轻时受到的排挤和侮辱使她的性格更加暴虐。因此，她喜欢采用极端的家庭内部措施，来治理她不听话的或她不喜欢的手下人。她手下有一些红人，对她言听计从，心狠手辣，但她本人整人的花样更多，比这些人实在是危险得多。在伤害人、侮辱人和给人制造不幸这门艺术中，谁都无法与她媲美。她在这样做的时候，总是彬彬有礼、心平气和、不失身份。她随随便便就给看门人格拉西姆那只不幸的小狗宣判了死刑，她知道，自己的决定会给小狗主人的心灵造成致命伤害。那又怎么样呢？只有屠格涅夫出现的时候，村里才能恢复宁静，人们才相信静好岁月真的到来了，所有人都感到轻松，尽管他与母亲关系紧张，但由于他的人格魅力，连无法无天、独断专行的母亲都不得不服从他。为了证明我们所言不虚，在此，我们摘录一段B.H.日托娃（B.H.Житова）的信。她在屠格涅夫家中长大，从小就亲眼目睹这里发生的一切。信中表明了诗人每次回农村或莫斯科的家时，她和所有其他人的激动之情。

“我记得，我和他母亲家里的所有人一样，都很崇拜他。他很少来我们这里，但当知道他要来时，所有人画着十字，高高兴兴地说：‘我们的天使要回来了！！这下我们要有好日子过了，现在什么事都不会有了！’走到哪儿都能听到这样的话。确实，他的温和善良，具有强大的力量。这种力量可以战胜一切，平息一切。在他身边，谎言与恶毒没有容身之处。他是那么的迷人，那么的英俊，可以这样说，他的内在美照亮了周围的一切。是的，人们害怕他的善良！我看过罗尔斯通（Рольстон）对《木木》的评论。我不同意他的观点。我感觉小说里的每一幕就发生在我眼前，我是唯一有机会进入格拉西姆房间的人，当我能躲过法国女人和英国女人监视我的锐利目光进入其中时，我就抚摸木木，给它喂东西吃，而且，我常常像个小女孩一样，挎在格拉西姆强壮的手臂上闲逛，我教课18年了。我教我的女学生们俄罗斯文学史，自己也常读经典著作。我可以朗读最悲惨的片段，但永远都无法大声读完《木木》的最后一页，我经常泣不成声。过去、现在以及将来，我们都忘不了我们的解放者，是他在2月19日让我们的家乡摆脱了剥削和压迫，而在此之前，我们老百姓是无权拥有自己的爱和感情的。”1883年10月①。

上述动人的话语很好地说明了屠格涅夫在其领地斯帕斯科耶村（与哥哥分配母亲遗产之后所得）的形象。但是，过不了多久，他就不仅是他的斯帕斯科耶百姓的宠儿，而且还成了全俄罗斯读者，尤其是俄罗斯女人的宠儿。这发生在瓦尔瓦拉·彼得罗夫娜·屠格涅娃去世，和1852年著名的屠格涅夫被捕事件②之后，被捕更使他名声大噪。那时，他的人际圈还没有像后来那么大，他的文学活动也没有得到整个欧洲的认可。《猎人笔记》引人注

---

①引自B.H.日托娃的回忆录，在安年科夫的推荐之下，斯塔秀列维奇（Стасюлевич）将该回忆录发表在《欧洲导报》1884年第11期。这段回忆证明，小说《木木》带有自传性质。

②1852年，屠格涅夫因为《猎人笔记》而被当局以发表追悼果戈理的文章，违反审查条例为由拘捕并流放。在拘留期间，他写了著名的反农奴制短篇小说《木木》。——译者注

目，而其后却隐隐反映出屠格涅夫看待俄罗斯女性的最初观点，是其反映俄罗斯女性小说的萌芽（屠格涅夫认为俄罗斯女性是社会道德力量的代表）。很久之后，人们才注意到，这类小说中间的有些篇幅短小的杰作，类似《多余人日记》（*Дневниклишнего человека*）。他的同代人很难觉察，自1846年完成《三幅肖像》（*Три портрета*）始至1856年《罗亭》问世止的十年时间里，他一直在打造同一类型的角色，没有本事的贵族，这种人[1]的形象在《罗亭》中得到了完美的体现。随着《罗亭》的诞生，屠格涅夫的青年时代结束了，那时他已经38岁了。当时，任何人都没有想过分析屠氏的理论，这种理论对于撰写屠格涅夫生平十分重要，而且，借助于这个理论，俄罗斯的生活被分解为两种因素，一是敢爱敢恨、淳朴迷人的女性，一是受过良好教育，但思维混乱、性格软弱的男性。人们对这个理论的创造者（屠格涅夫）关注更多的地方是艺术技巧、创作手法，以及对生活场景塑造的真实性，而其作品中开创性的内在意义，完全被掩藏在人与人之间各种离奇复杂的遭际之下了。

当时，所谓的“背叛”体裁很是流行，即背地里以滑稽可笑的形式表现别人的某些习惯行为，引人发笑从而使叙述取得成功。屠格涅夫是这方面的大师。任何人都不会对这种不当行为感到生气，任何人也不会因听到屠格涅夫讽刺模仿他的传言，而想要与

①指的是“多余人”，19世纪50—60年代，凭借屠格涅夫的作品成为专有名词。刊登在《祖国纪事》1850年第4期上的《多余人日记》中，描绘了这种类型人物的性格特点，内心矛盾，优柔寡断，思想意志薄弱，具有自由贵族的思想。屠格涅夫本人认为，《多余人日记》是一部“好作品”，但他的朋友们，自由主义批评家德鲁日宁、安年科夫，则对其持相反的意见。如德鲁日宁在1850年第5期《现代人》撰文认为，这部中篇小说属于《猎人笔记》作者那些最为苍白无力的作品之列。安年科夫在一篇综合评述屠格涅夫中篇小说的文章里，竟只字不提这个作品。

之断绝关系。相反，所有人都尽力对这位讽刺作家“以彼之道，还之彼身”，所以，那个时代留下了大量的笑话。需要补充说明的是，除了富有创造性、观察力和善于思索，屠格涅夫还非常机智俏皮，擅长讽刺。他写的讽刺短诗也是条理清晰，内容丰富，像他所有的作品一样。他针对同时代的知名人物，写过一些十分滑稽的讽刺短诗，无惧他们的声望和他们肩负任务的严肃性（他本人对此表示同情）[①]。对于好朋友，他也不手软。当然，所有这些不可能使关于他的风言风语变少，但是，相传他精准的讽刺短诗，具有民间俗语的风格，传播甚广，以至于Ф.П.鲍特金一度打算记下屠格涅夫的言论，并计划将其用在演出中。他记录的小本子应该还不为人知地隐藏在某个地方。不过，后来屠格涅夫中止了自己的幽默小品创作，并对以前的试笔之作弃之不顾，鲍特金的记录也就没什么意义了。

如果凭以上所言就断定屠格涅夫欺骗了读者，当他们认真研究他的时候，他却公开揭露他们的缺点和毛病，以博众人一笑，那就大错特错了。如果屠格涅夫真是这样阴险狡诈的人，那么，他的所作所为中就不会表现出善心，他对自己也不会不信任，对自己的素质和能力也不会评价那么低。他需要帮助和赏识，而不是别人的挑衅与羞辱。只有随着时间的流逝与所获成就的增多，他对自己的看法才会更客观、更坚定、更自信。根据具体情况，他起初这样做是为了躲避一切。如果说他曾力图模仿曼弗雷德

① 指的是当时屠格涅夫针对德鲁日宁、凯切尔（Кетчер）、尼基坚科（Никитенк）、安年科夫等人创作的风靡一时的讽刺短诗。

（Манфред）[1]或唐璜[2]，那么，他自然也是腼腆的曼弗雷德，或是害羞的唐璜，时刻准备避开挑起他们那样的事端。

在屠格涅夫一生中，有时候，人们把他比作尤维纳利斯[3]，特别是抨击讽刺方面的天赋，比如《烟》中的讽刺，但如果仔细推敲，不难看出，他对自己的讽刺对象并没有厌恶之情，而传记材料显示，他总是首先对自己发难。整个青年时代，他都极度渴望谴责和批评自己的作品，因而饱受折磨，几乎成病。别人对他作品的每一条评语都使他感到高兴，他像个驯顺的小学生一样，听取意见并准备修改。只有一次，他提出了反对意见。那是1847年，《现代人》杂志上发表了一个将霍尔与卡里内奇比作歌德与席勒的评论，他指出这是不恰当的，自此之后，这条评论就销声匿迹了，从未被转载过。总而言之，永远猜不透他思维活跃的大脑会把他引向何方，但只要了解他正直的内心，你就能够知道，他会在何处停下脚步。这种果断与谨慎、大胆与小心的结合，这种准备同时应对两种情况。一方面致力于独树一帜，另一方面又对自己那变化不定的人物，有着无穷魅力而深感懊悔的结合，体现了某种女性阴柔的特质。

谁都没有注意到屠格涅夫生活的忧郁色彩，而事实上，他自认为是个不幸的人。他缺少他早年就一直追寻的女性的关爱与青

---

①英国诗人拜伦（1788—1824）著名诗剧《曼弗雷德》中的主人公，从小便是一个落落寡合的人，壮年时独自居于阿尔卑斯山的大自然中。——译者注

②唐璜是14世纪西班牙民间传说中的人物，常利用自己英俊的外貌，勾引妇女然后抛弃，是著名的色鬼、恶棍，常常再现于西方作家的作品之中，如莫里哀的戏剧《唐璜》、普希金的悲剧《石客》、拜伦的诗体长篇小说《唐璜》。——译者注

③一译朱文纳尔（Ювенал，约60—140），古罗马讽刺诗人，创作有名句："愤怒出诗人。"——译者注

睐。无怪乎他总是强调说，如果没有聪明、善良的女性，男性社会就像车轮没有上油的重载马车，发出刺痛耳膜的单调嘎吱声，令人难以忍受。对理想女性的呼唤与探求，使他创造了一座奥林匹斯山，山上住着最高贵、最淳朴、最有追求的女性。在罗亭出现之后，当苛刻的批评家们忙着分析自命不凡、意志薄弱的一类人，把他们对这类人的鄙视之情转移到整个18世纪40年代的人们身上时，屠格涅夫已经成为全体女性心目中的偶像。那种柏拉图式的爱情伴随他一生，直到进入坟墓。他自己也痛苦地坦陈，他不能征服并驾驭女性的心灵，他只能使她们饱受折磨。在激情的冲击下，他还不够放肆、不够疯狂、不够放纵，所以只能止步不前。《初恋》[①]是屠格涅夫最优美的中篇小说之一。在这篇小说中，他描述了一次鞭打带给他的恐惧之情，尽管已经制止住了心上人的放纵和任性，暴怒的情夫还是举起鞭子痛打了她。从那时起，这种野蛮行为带来的恐惧感，似乎从未离开过屠格涅夫，使他总是优柔寡断。他对钟情于他的女人几乎没有做出过任何回应，只是在1854年与O.Л.屠格涅娃有过一段动人的恋情，但这种关系没有维持多久便结束了，就像短暂的暴怒、苛刻、任性行为一样一闪而过，过后，他尽情挥洒真正的激情，也就是说，用平和、宁静的诗歌来回忆过去的时光。

他经常重复的另一句名言“只有同那样一些人才可以一起生活，他们看见一切，理解一切，并且善于保持沉默”。在他的生活

①《初恋》（*Первая любовь*）这部小说是专为安年科夫而作的，发表在1860年《读者丛书》的第3期。由于小说是自传性的，这部短篇小说对屠格涅夫来说十分珍贵（参见H.A.奥斯特洛夫斯基在《屠格涅夫选集》中所写的“有关屠格涅夫的回忆”，1915年）。

中也有着同样重要的意义。虽然对社会中发生的一切极度敏感，他还是离群索居，并把那些他认为有着独特思维方式和性格特点的人也带走了。他希望这些人足够朴实，能够对他不离不弃，因为别人的同情和忠诚，对于他就像空气对于生物一样必不可少。1850年后，他的客厅变成了社会各阶层人士的聚集之地。在这里碰面的有慕名而来的上流社会人士（他是当时新兴的时髦作家）、意欲引领社会思潮的文学巨匠、被他优美的身形和极高的文学修养吸引的著名男女演员，还有为了倾听上流社会的睿智谈话而来的学者。社会上的头面人物，那时还没有来参加他家的聚会，新沙皇继位之后他们才开始出现。

他的客人中经常会有一些无人认识、行为拘谨的无名小辈。对他们，屠格涅夫至少像对那些在文学领域，和社会中声名显赫的人一样重视。他与自己圈子中的那些机敏聪慧的人交谈并不费力。凭借他的修养、他的聪明才智，以及他那被法国人称作充满火花的语言，他很容易就能使听众们激动不已。在这个圈子里，只需具备肤浅的学识就足够了，可他拥有丰富的实证知识和参考书籍。这时，多卷本的《环球杂记》（*Biographic universelle*）是他案头必备之书。相反，被他发掘和带出来的人谈话却都很简单。他跟他们谈论他们知道的事情和他们感兴趣的事情，并且认真倾听他们的观点，这些观点是他在别处根本听不到的。他有一种非常优秀的品质，为他做事决不会白做。无论是别人的好感、对他作品的欣赏，还是任何形式的简单娱乐，他都要一一给以回报。所有这一切他都记在心里，或早或晚，无论以哪种方式，总要找机会按自己的方式对那个让他获得知识的人表示感谢。

能够证明上述事实的人太多了，男女都有。当然，他有时也可能判断失误。笔者在他家里偶然遇到过一个非常独特的情况。有一天早晨，我很早就来到屠格涅夫家。评论家、思想家、永远热情洋溢的阿波罗·格里戈里耶夫[①]坐在他的书房里，对屠格涅夫他做出了下述评论："您是普希金文学传统的继承者，可我们的社会不需要这样的人了。"这句话长久地留在了这位《贵族之家》的作者的记忆里。我刚一进屋，阿波罗·格里戈里耶夫就从沙发上跳起来，指着他身边一个年轻的军官（那人态度谦卑、相貌英俊），郑重其事地大声说："跪下！给我跪下！你身边的人是个天才！"年轻的军官正是当时无人知晓的诗人斯卢切夫斯基（Случевский）[②]。他满脸通红，窘迫得不知如何是好。屠格涅夫也站起身说："是的，老兄，这是未来的伟大作家。"于是，大家纷纷过来询问，原来他们刚刚听说斯卢切夫斯基的作品，因此十分兴奋。唉！可当作品真的出现在大家面前时，无论是批评家，还是社会舆论，都反应平平。

我们敢说，屠格涅夫对新作家才华的错误判断，是因为他过于热心，这种过分的热心有时会导致非常可笑的结果。这里必须讲一个从В.П.鲍特金那里听到的趣闻。所有人都知道，鲍特金最不能容忍的就是无缘无故地抬高一个人。他早就听很多人说过列昂季耶夫先生具有非凡的才华，而屠格涅夫又像平常一样无限度地自我贬低，以提高对手的身价，说列昂季耶夫是无可比拟的短

---

①阿波罗·亚历山德罗维奇·格里戈里耶夫（Аполло́н Алекса́ндрович Григо́рьев，1822—1864），俄国著名批评家、诗人。——译者注

② 康斯坦丁·康斯坦丁诺维奇·斯卢切夫斯基（Константи́н Константи́нович Случ е́вский，1837—1904），俄国诗人。——译者注

篇小说家，水平远远高于其本人。[①]于是，鲍特金找到列昂季耶夫的一部作品，认真读了一遍，然后，他拿着这本书找到为其大唱赞歌的屠格涅夫，质问他，作者的实力和天才体现在哪里。他喋喋不休地强烈批评这部作品，以至于屠格涅夫忍不住跑到花园里去“写起了针对我的讽刺短诗（鲍特金语）”。讽刺短诗写得特别有意思。是对普希金的《安恰尔》（*Анчар*）——译《毒树》的讽刺模拟，他把鲍特金也归于害死周围一切生物的毒树：“不知怎么，帕纳耶夫[②]突然开始痛苦地痉挛，奄奄一息。”屠格涅夫对找他来借钱的人是来者不拒，这就更不用说了。欠他钱的人太多了，数也数不过来。他偶尔也会拒绝帮助一些纠缠不休的人，但总是因此而自责，他的朋友中却也有人把他的自责看作是自我吹嘘。然而，金钱资助对他来讲，是一种最低级的行善方式。当一个人需要鼓舞士气、增强意志和树立自信的时候，他总是当仁不让。比如，1852年，他就把《猎人笔记》的第一版送给了H.X.凯切尔，而后者自己想要得到这本书绝非易事，因为允许出书的检察官被开除了，书也被没收了[③]。这也顺便提醒了我们，当时，当局者和社会舆论都认为该作品是宣扬农民解放的。拉斯托普钦娜（Растопчина）伯爵夫人（父姓苏什科娃）拿到书后，当着恰达

---

①屠格涅夫与列昂季耶夫（1831—1891，文学家）1851年相识于莫斯科，当时，后者还是初入文坛的新人，屠格涅夫很欣赏他的长篇小说《布拉温工厂》（*Булавинский завод*）。

②伊万·伊万诺维奇·帕纳耶夫（Ива́н Ива́нович Пана́ев，1812—1862），俄国作家、文学批评家、新闻人及出版商。——译者注

③屠格涅夫被逮捕后的1852年3月6（18）日，《猎人笔记》才获得检查机关准许以两部的形式出版（其中首次发表了随笔《两个地主》）。此书遭到书刊检察部门的调查，而后来的8月中旬，尼古拉一世下令撤销了准许出版该书的书刊检察官B.B.利沃夫（B.B. Львов）的职务。

耶夫[1]的面指出**这是一本带有煽动性的书**。“麻烦您把这句话翻译成俄语，因为我们在谈论一本俄罗斯的书。”恰达耶夫回答道。结果，翻译出来的“具有煽动性”一词夸张得令人无法忍受。可以这样认为，1852年屠格涅夫的被捕，与其说是因为悼念果戈理的文章，还不如说是因为《猎人笔记》而受到的惩罚。我们就认识这样一位学养深厚、心地仁慈的大人物，为我们减轻了不少出版的负担，但他一直到死都认为，屠格涅夫的《猎人笔记》之所以成功，是因为他以法国人的方式煽动一个阶层反对另一个阶层。但是，伴随屠格涅夫创作活动的那些闲言碎语，并没有影响他坚持自己的道路。笔者就曾亲耳听德高望重的历史学家伊万·叶果罗维奇·扎别林（Иван Егорович Забелин）讲过，屠格涅夫曾经恳求他同意出版自己的一部作品。当时，屠格涅夫说：“我不应该让我这一生白白过去，与人无益，请给我机会让我为社会做点什么。”[2]由于屠格涅夫那时没有现成的作品，这个请求就被搁置一边了，但是这种对研究者表白自己同感的方式，却是独具匠心的。总的来讲，他的美德远远胜过他所有的缺点，很难找到他在文学和生活中的不足，任何人都不可能对他不友好，更不用说与他为敌了。

---

①彼得·雅科夫列维奇·恰达耶夫（Пётр Я́ковлевич Чаада́ев，1794—1856），俄国作家、哲学家，代表作为《哲学书简》。——译者注

②1852年6月6日（公历18日）寄往阿克萨科沃的信中，屠格涅夫提到与历史学家И.Е扎别林（И.Е. Забелин，1820—1908）的会面：“我在莫斯科与我非常喜欢的扎别林交谈了很久，他有着清晰的俄式头脑，目光炯炯。他带着我游览了内城堡的古迹。”屠格涅夫，第12卷，第113页。

3

1847年，屠格涅夫陪同维亚尔多一家从俄罗斯来到柏林。这是他1840年后第一次出国[①]。然后，他从柏林去斯德丁看望生病的别林斯基，后把他带到施普雷，又陪他去了萨尔茨堡。

当时，他生活困窘，但是没有一个朋友知道这事。他总是巧妙地隐瞒自己的处境，谁都不会想到，他经常没饭吃。他说话随意潇洒，讲故事时总是引人入胜，表面上挥霍浪费，从不拒绝参加各种稀奇古怪的活动和娱乐，又经常不着痕迹地避免付账，所以大家都没注意到他的困窘。在1850年继承遗产之前，屠格涅夫靠有钱朋友的接济过日子，在没有作品的情况下，从编辑那里提前预支稿费。总之，他当时过着与彼得堡所有的纨绔子弟（从近卫军军官开始）一样奢华、浪荡的生活。其实，他对有朝一日成为大贵族这事从未失去希望，尽管自己一贫如洗，还对别林斯基说，只要一有机会，就送给他100个农奴。别林斯基玩笑着答应了。他喊道："老婆，快去谢谢伊万·谢尔盖耶维奇，他要把我们变成地主了。"而事实上，批评家当时的境遇也很糟糕。在来到萨尔茨堡的前一年，也就是1846年，屠格涅夫离开了《祖国纪事》并开始为《利维坦》（*Левиафан*）丛刊收集朋友们的作品。屠格涅夫是最早答应为该丛刊尽力的人之一，但同时，由于文学圈里经常出现尔虞我诈的行为，他也不希望《祖国纪事》杂志，真像他所预

①此说法有误：1840年后，屠格涅夫不止一次出过国。1842年，他去过德国。1845年，他去过巴黎，还与B.П.鲍特金和H.M.萨京一起周游了法国，1847年的这次出国时间是1月中旬。

言的那样走向倒闭[①]。于是，屠格涅夫介绍杂志的编辑认识了年轻作家B.迈科夫[②]，其美学建立在民族学基础之上，能够以独特的方式为杂志增光添彩。后来，迈科夫在洛普什河游泳时不幸溺水身亡。不过，一开始他还是帮助《祖国纪事》保住了在老辈批评家眼里的威信。其余的情况都是众所周知，并被多次提起的。帕纳耶夫和涅克拉索夫从别林斯基手里买了文集，在别林斯基的帮助下，他们打算创立自己的杂志，于是，他们在普列特尼奥夫的老《现代人》杂志中找了一些现成的材料并把它们弄到手。鲜为人知的是，屠格涅夫是整个计划的中心人物、策划者，当然，除了未来出版者加在他身上的个人特点，暂时他与他们保持完全一致。涅克拉索夫每天都会找他商谈，杂志里注入了他的大量的心血。短篇小说《霍尔与卡里内奇》就像地平线上冉冉升起的指路明星，闪烁在杂志的书页间。“批评家”栏目里有他对库科利尼克[③]戏剧的长篇评论，最后，杂志的最后一栏还发表了他的很多短文。其中一篇里有一句拉丁语原文，涅克拉索夫怕自己朋友的语言学知识不牢靠，在校对时故意在清样上抹去了这句引文，这样就能把过错推到印刷厂身上，但他后来向屠格涅夫承认了自己的小聪明。等到1847年第一期《现代人》问世，屠格涅夫就到国外去了。

---

①屠格涅夫在转向涅克拉索夫和帕纳耶夫的《现代人》之后，仍继续参与卡拉耶夫斯基的《祖国纪事》，1847年，该杂志的第一期刊登了他的中篇小说《布雷吉奥尔》（*Бреттёр*）和对卡扎克·卢甘斯基（Казак Луганский）当期作品的评论。后来《祖国纪事》才开始发表屠格涅夫的作品。

②瓦列里安·尼古拉耶维奇·迈科夫（Валерьян Николаевич Ма́йков，1823—1847），俄国批评家，俄国画家、剧作家、“纯艺术派”诗人阿波隆·尼古拉耶维奇·迈科夫（Аполл о́н Никол а́евич М а́йков，1821—1897）的弟弟。——译者注

③涅斯托尔·瓦西里耶维奇·库科利尼克（Нестор Васильевич Кукольник，1809—1868），俄国诗人、剧作家。——译者注

1846年[1]是令人惊奇的一年。在这一年，俄罗斯文学极其罕见地同时出现了很多杰作。当年完成并出版的有И.А.冈察洛夫[2]的《平凡的故事》，(*Обыкновенная история*)、Ф.М.陀思妥耶夫斯基的《穷人》(*Бедные люди*)和Д.В.格里戈罗维奇[3]的《苦命人安东》(*Антон Горемыка*)。这些作品为天才们开启了新的道路，并预示不久之后俄罗斯文学将开始新的繁荣，然而，之后不久的情况却事与愿违。

屠格涅夫带着患病的别林斯基到达萨尔茨堡时，我在巴黎已经生活一年了。我急着与他们会合，于是我们在一个那时刚出现的、治疗胸腔疾病的地方见了面，参见我的一篇文章《非凡的10年》[4]，其中提到过这个地方，读者诸君可以从那里了解所有的细节。屠格涅夫当时正在写《村长》(*Бурмистр*)并刻苦学习西班牙语。众所周知，他抛下我和别林斯基并留下少量衣物，找了一个冠冕堂皇的借口悄悄离开了萨尔茨堡，说是短时间离开，实际上再没有回来。同一年秋天，在巴黎，我问他在萨尔茨堡为什么骗我们，他只是耸耸肩，好像在说："我也不知道。"那时，他的情况很糟糕，他在巴黎活不下去，就移居到了南方，住进乔治·桑

---

①在1909年版和1928年版的《И.С.屠格涅夫的青年时代》中，安年科夫指出的1846年被改为1847年。但不见得改对了。从上下文可知，安年科夫这里指的不是日历年，而是一般来讲的"文学"年，也就是他所说的文学思想繁荣发展时期。众所周知，这段时期之后，开始了人们将面对政府反动的艰难年代，对此，安年科夫在段末有所暗示。

②伊万·亚历山德罗维奇·冈察洛夫(Ива́н Алекса́ндрович Гончаро́в，1812—1891)，俄国作家，主要作品有长篇小说《奥勃洛莫夫》《悬崖》《平凡的故事》。——译者注

③德米特里·瓦西里耶维奇·格里戈罗维奇(Дмитрий Васильевич Григорович，1822—1899)，俄国作家，主要作品有中篇小说《乡村》《苦命人安东》及长篇小说《渔夫》等。——译者注

④此文刊载于《欧洲导报》1880年第1—5期。

为他提供的一座空城堡里，偶尔回趟巴黎，跑遍熟人家，然后又消失了。但是，1848年革命前夕，他彻底迁居巴黎，在和平路和意大利林荫道拐角的一栋房子里租了一个漂亮的房间（现在这座房子已经动迁了），而且，根据俄罗斯传来的消息的好坏，不时楼上、楼下地搬家。1848年2月和6月，在巴黎还能见到他的影子。在此，不得不提及他高超的洞察力和概括能力，因为他能准确地捕捉到眼前闪现的典型社会现象，并以此为素材惊人准确地传达那个时代的面貌和精神。取材于法国革命的一些短篇就是这样的，比如《我们的人来啦!》（*Наши послали*!）等，但事实上，他没有亲身参加过1848年那场著名的社会运动，而仅仅是谈过而已。

10月，我把屠格涅夫留在巴黎，自己回俄罗斯了，两年之后才在家乡再次见到了他。1850年，得到母亲病重的消息后，他打算回家见母亲最后一面，并在她临终之前与她和解，但却没有来得及。到达莫斯科后，由于别人的过错，他甚至没能赶上当天在顿斯科伊修道院举行的母亲的葬礼①。葬礼上的大小事情都是屠格涅夫的哥哥一手操办的。

此后，我们的诗人在俄罗斯过了六年深居简出的生活。在这属于他青年时代的最后六年，他自身以及周围环境，都发生了很多变化。在上文提到的文章《非凡的10年》中，我们说过作家因悼念果戈理的文章意外被捕。值得注意的是，他本人一生对此事的反应都很淡漠，没有气恼，也不觉得自己好像受了屈辱。这是有原因的。尽管开始很残酷，但后来，被捕这件事给他带来了很多

①此处有误，母亲生病时，屠格涅夫已经回到了俄罗斯。他在彼得堡得到母亲病危消息的当天，母亲就去世了。

好处，使所有人都对他产生了好感，给他提供了创作名著、短篇小说《木木》的机会，重要的是，让他明白了，逮捕只是一个例行公事的任务，是宪兵常常使用，而且首先用在记者和审查官身上的普通措施，没有什么恶意和仇恨。

接下来他被行政流放，只能待在被流放的村子，没有权利离开。这比被捕严重得多。首先，因为流放不知要持续多少年，第二，因为失去了人身自由，尽管拥有必需的生活资料。这种压制使他无比愤怒。他甚至不知从哪儿弄来一个印有别人名字的假身份证（我们见过这个假证），有一次他带着这个证件来到了莫斯科，把他的朋友们吓了一跳。但是，他不愿意每次都拿自己今后的人生去冒险，就向彼得堡提出申诉，彼得堡方面回复说让他写一封请求恢复自由的信（甚至附上了正式请求函的样本，要求他承认错误）。屠格涅夫照做了。于是，在第二年，即1853年，他就被放了回来。后来，在缔结巴黎和约时，原内务部第三厅[①]前长官老公爵奥尔洛夫（屠格涅夫曾帮助过他们家）客气地主动与他认识，并亲吻他的额头，说了一句："看来，您不会生我的气吧。"的确，包括受害人在内，任何人都没有对所发生的事情生气。难道应该对社会良心都不反对的约定俗成之事生气吗？

在受难前夕，屠格涅夫还做了一件善事。利用自己与《现代人》编辑的朋友关系，他把《莫斯科维亚人》杂志的工作人员，引入了彼得堡文学家的圈子，表现出当时罕见的宽容与公正。参见本人发表在1882年4月《欧洲导报》上的文章《艺术家与普通人》（*Художник и*

①第三厅是俄国沙皇帝国的警察机构。——译者注

простой человек），文章是关于А.Ф.皮谢姆斯基①的②。

但是，岁月在流逝的同时，也给我们带来了早年种下的恶果。俄罗斯与土耳其及它在欧洲准备联盟的英法盟友之间，爆发了残酷的战争。战火蔓延到了我们的国土，塞瓦斯托波尔被围困，喀琅施塔得告急。人们准备进行大规模的反击，在成功的希望渺茫的时刻，肯定会有新的牺牲，必须付出新的努力来满足需求。我们都好像躲躲藏藏地活着，本能地感觉到这是最严峻的时期，对改变环境不抱幻想。1854年夏天，屠格涅夫搬到了位于彼得戈夫大街的郊外别墅，离O.A.屠格涅娃不远。屠格涅娃带着父亲和姑姑住在彼得戈夫。对屠格涅夫而言，这位非常聪慧善良的姑娘的陪伴是很有必要的。

接下来的1855年冬天，有一次，我听说从军队回来的年轻炮兵军官列夫·尼卡拉耶维奇·托尔斯泰伯爵正在他家后边的房间里睡觉，我很高兴，于是就去了他家。这时的读者已经对托尔斯泰这个名字很熟悉了，而文学家对他也是一致赞扬。托尔斯泰把自己的第一部短篇小说《童年与少年》（*Детство и отрочество*）寄给了《现代人》杂志。作为一个独立而不容争议的文学现象，这篇小说以充满诗意的现实主义，和对外省家庭（这个家庭虽然有着自己的缺点和局限，却高傲地生活着）生活的描绘震惊了所有

---

①阿列克谢·费奥费拉托维奇·皮谢姆斯基（Алексей Феофилактович Писемский，1821—1881），俄国作家，主要作品有中篇小说《窝囊废》《喜剧演员》《有钱的未婚夫》《吹牛者》《她有罪吗？》，长篇小说《浑浊的海》《嫁妆——一千个农奴》《在漩涡中》等。——译者注

②此处和关于皮谢姆斯基的文章中，安年科夫夸大了屠格涅夫对皮谢姆斯基的“宽容”，在屠格涅夫的1852—1853年间的书信中，仍可见到他对皮谢姆斯基的尖锐评论。比如，1852年屠格涅夫写给涅克拉索夫、1853年2月6（18）日写给帕纳耶夫和涅克拉索夫的信。屠格涅夫，第12卷，第124、147页。

人[①]。他还写了很多别的作品。作为托尔斯泰同村的邻居，在极度的好奇和关心的驱使下，屠格涅夫邀请他来家里做客。但是列夫·托尔斯泰想法奇特，和他交往必须小心。他寻找着一切生活现象，以及个人良心问题的答案。同时，他不了解，也不想了解对这些问题的美学和哲学解释，也不承认任何传统，无论是历史的，还是理论的。他认为，这些东西都是人们为了自欺或欺人而想出来的。作为奇思异想，这种见解还需依赖深厚的教育，和博闻多识为支柱，但托尔斯泰伯爵追求的不是奇思异想。这首先因为他是宗教主义思想家，一个在阐述结论时逻辑思维能力很强的人，同时又是一个听命于内心澎湃的激情所产生的令人兴奋的话语的人。因此，如果你对他那永远新鲜而出乎意外的观点感兴趣，那么你就要去追查一下它的出处。在他那里常常可以听到他对人们公认的一些事物令人震惊的评判。比如，他认为莎士比亚的李尔王是荒谬的，作为悲剧基础的故事是不真实的。而与此同时，他却居然那么喜欢一个在妓院碰到的醉醺醺的德裔男演员，还把他作为主角写进了自己的一部中篇小说[②]。他发现屠格涅夫是个全才，而且喜欢哗众取宠，后一点使他愤怒，因为追求生活的

① 1852年7月3日，Л.Н.托尔斯泰在给《现代人》编辑的信中寄去了《童年》(*Детство*)。作品以《我童年的故事》(*История моего детства*)为名刊登在1852年的《现代人》第9期。1852年11月至1854年1月所创作的《青年》(*Отрочество*)发表在1854年《现代人》第10期。1855年冬，Л.Н.托尔斯泰从塞瓦斯托波尔来到彼得堡，并在屠格涅夫家中住了一段时间［见 1855年11月24日涅克拉索夫写给鲍特金的信《下了火车直接去见屠格涅夫》(*Прямо с железной дороги к Тургеневу*)］。——Н.А.涅克拉索夫，创作与书信全集，第10卷，莫斯科，1952年，第259页。

② 指的是列夫·托尔斯泰刊登在《现代人》1858年第8期上的中篇小说《阿尔贝特》(*Альберт*)。据托尔斯泰本人的说法，他的这部小说取材于斯克里巴奇·格奥尔吉亚·基泽韦杰尔(Скрипач Георгия Кизеветтер)的故事(见托尔斯泰日记，全集，第47卷，第109、117、121等页)。安年科夫对这部小说的评价显然过于主观。

真实与简单和对生命的正确理解在当时就是他的理想。他甚至在屠格涅夫的生理特点中找到了证明自己观点的证据，例如，他那夸张的两条大腿。直到屠格涅夫已经放弃了年轻时的爱好，托尔斯泰仍然对他表现出挑衅的样子和冷冷的鄙视，这自然会导致关系破裂和争端。果然如此。19世纪60年代，某一天，在斯帕斯科耶村做客的托尔斯泰，极其轻蔑和尖刻地讽刺了屠格涅夫对女儿的教育经验，后者把女儿送到了国外。最终导致屠格涅夫失去控制，以同样粗鲁的方式回敬了他。结果，两人约定决斗，最后由于托尔斯泰放弃，决斗不了了之。屠格涅夫去世前几年，托尔斯泰大概突然意识到自己之前对老朋友的态度过激了。带着与所有人对屠格涅夫的一样的敬意，托尔斯泰写了一封情真意切的信，请求他不计前嫌、重修旧好，他的这一勇敢的大度之举使屠格涅夫深受感动。屠格涅夫不但一口答应此事，而且还亲自来到托尔斯泰乡下的家里，向他伸出了和解之手。这件事成为了两位伟人之间的一段佳话。

时过境迁，就不说两位文学泰斗曾经彼此充满敌意是多么奇怪了。但是，即使在争吵的时候，屠格涅夫仍然一直是托尔斯泰热烈的崇拜者。屠格涅夫认为托尔斯泰不仅是同行的榜样，而且拥有一颗最纯净的心，他还是一个具有主动精神和首创精神的人，能够把自己所做的任何事情坚持到底，除非他觉得已经开始的事情没有价值了。对于托尔斯泰的文学作品没什么可说的，屠格涅夫就是他的赞颂者之一。他公开声称，在俄罗斯所有的长篇小说家中，包括他自己在内，第一名当属托尔斯泰伯爵，因为他能洞察人物性格、历史事件以及整个时代的本质，这种能力是当今任何一位作家都不具备的。

但是，屠格涅夫真正意义上的社会小说时期也慢慢到来了，这时他变成了一位政治活动家。这一时期始于长篇小说《罗亭》问世的1856年。与后来的长篇小说《贵族之家》《父与子》《处女地》（*Новь*）相比，《罗亭》还算不上完美的杰作，但它却随着时间的推移而摇曳生辉。《罗亭》的反响与《霍尔和卡里内奇》差不多。它可以被看作是作者创作的一次大成功，尽管报纸杂志对其反应冷淡。小说中第一次出现了几乎是历史性的人物（其否定一切和夸夸其谈的性格早就为作者本人和俄罗斯社会所关注），他们在社会生活中没有行动能力，在家庭生活中无法解决自身天性，与家事的冲突。之前屠格涅夫的短篇小说描写了很多不切实际的俄罗斯人，他们总在自己引起的事情面前停滞不前或软弱退缩。这部长篇小说结束了那些短篇小说的历史，敲响了它们的丧钟。原因很好理解，最后敲响丧钟的人才思敏捷、能力超群。之后也没什么好补充的了。一些报纸杂志因为主人公被贬低而深受伤害，他们认为作者对主人公的贬低就像对一个借钱不还之人表达的愤恨之情，但这种论断是错误的[①]。广大读者对小说的理解有所不同，但更加准确。他们认为，小说揭示了那个时代先进人物的本质之一。当他们按照自己的意愿采取行动的时候，时代却不允许，长久之后，他们不可能不精疲力竭，变成现在的样子。

①关于《罗亭》的批评论战比安年科夫说的要复杂。车尔尼雪夫斯基曾批评作者的“过于聪明的谋士们”有时会使作者偏离描写俄罗斯生活中革命性人物的正确道路（车尔尼雪夫斯基，全集，第7卷，第449页）。安年科夫不止一次充当过这种“过于聪明的谋士”的角色。

这种观点的著名代表人物是О.И.先科夫斯基[①]。他给斯塔尔切夫斯基写了一封信，热情洋溢地赞美了《罗亭》，后者迫不及待地把这个消息告诉了屠格涅夫。先科夫斯基在信中指出，作者发现了一种引导性的写作手法，指出了新的创作道路。他之所以有权评论这一点，因为他自己曾经使用过这种手法，如若没有那个讨厌的（信中用语）书刊检察官别伊克尔（Пейкер）从中作梗，毁了他的前途，他的这种手法就能成熟并获得认可。先科夫斯基在《罗亭》中发现了很多书中没有表现出来，但读者雪亮的眼睛可以看见的新东西。小说的政治意义和社会意义表现在小说的每一个章节之中，而且表现得十分鲜明、得体，不应该受到任何责难和攻击。先科夫斯基预言小说作者前程远大，这次他没有像以前常有的那样说错。

同时，屠格涅夫的年轻时代已经过去。他还将从事近30年的各方面活动，但他不可能还是“帕拉莎”时代那个被认为陈腐守旧的人。早在《罗亭》问世之前，他就觉察到了自己在祖国应该担当的角色。成为一面折射祖国健康与病态特点的镜子，但这面镜子为此必须保持应有的洁净。

每个人的一生都有一个能够认知的起点。只有时间的运行没有起点，它能在一瞬间十分完整、精确地展现其内部长期酝酿而不为人知的现象。与时间的这种运行方式类似的事情，也发生在屠格涅夫身上。人们只是在《罗亭》问世之后才开始发现，很久以前他就已经在进行自我修炼了。活跃的想象、对关于他传闻的渴

①奥西尼·伊万诺维奇·先科夫斯基（Осип Иванович Сенковский，1800—1858），俄国学者、记者、作家。——译者注

望、言行的无限自由。所有这一切都和谐地发生在他的身上或呈现在我们眼前。如今，他绝不允许自己本性中的任何一种有害成分，像从前那样快速外泄，短时间扼杀自己心智中的优秀品质。也许，这是屠格涅夫多年人生经验的结果，也许，因为对善与真的追求，经验和意志只是机械地、在无意识中发挥了作用。

无论如何，屠格涅夫的改变很容易，而且是自发完成的。他根本不需要选择新的道德材料来构建自己的观点，不需要选择任何禁欲主义元素来代替旧的信仰，也没有什么能损害他的本性，并强行改变他的能力。由于极端的自律以及对早已习惯的恶劣天性的弃绝，改变就简单、自然地发生了。最佳的改变材料从小就在他心里，最好的信仰自他出生就陪伴着他。只需用心对待自己，它们就可得到关爱、获得自由。可是，自从屠格涅夫的自我教育、自我修养之星升上天空，他却坚定不移地追随了它30年之久，每日自省。而他得到的是，当他离去的时候，整整一代人都聚集在他的坟前，说着感动与感激的言语，因为里面躺着的不仅仅是一位作家，而且是一个真正的人。难道我们不应该说，很少有人比他个性更坚毅吗？

1883年12月，德累斯顿

致波林娜·维亚尔多

И.С.屠格涅夫

散文诗

请你等一等！

请你等一等！就让我现在看到的你。永远留在我的记忆里！

最后一个充满灵感的声音从你的唇间流出，你的眼睛不再明亮，也不再闪烁。它们暗淡无光，是因为幸福，是因为高兴地意识到了你所表现的美，而你仿佛已经在清洗你满意而疲惫的双手！

那洒满你全身，照进你衣裙的每一个细小褶皱，比阳光更细腻、更纯洁的，是怎样的一种光？

那用轻柔的微风把你的披肩鬈发吹起的，是哪一位神灵？

他的热吻留在你大理石般白净的额头！

她就是，一个公开的秘密，诗歌的秘密、生命的秘密、爱情的秘密！这就是，就是不朽！再没有别样的不朽，也不需要了。在这个时刻，你是不朽的。

这一刻会成为过去。你又成为一撮灰烬，一个女人，一个孩子……但这对你来讲算得了什么！在这一刻，你是崇高的，你超越了一切转瞬即逝的过眼烟云。你的这一时刻将会永存。

请你等一等！让我也加入你的不朽之中，把你的永恒之光投入我的心里吧！

1879年11月

当我不在人世的时候

当我不在人世的时候，当属于我的一切灰飞烟灭的时候，你呀，我唯一的朋友，你呀，我如此深情、如此温存地爱过的人，也许你的寿命会比我更长，请你别去我的墓地……在那儿你将无事可做。

别忘记我……但也别在日常的操劳、欢娱和困窘中想念我……我不想打扰你的生活，不想打乱它的平静。

但是，当你一人独处，当善良之心熟悉的那种羞涩、莫名的忧伤袭上你的心头，请你拿出一本我们喜爱的书，找到让我俩默默流下甜蜜泪水的，你还记得吧？那些页、行、句。

把它读完，闭上眼睛，把你的手给我……请把你的手伸向你不在身边的朋友。

我将无法用我的手握住它，我的手将一动不动地埋在地下，但即使是现在，想到你的手也许会感觉到它轻轻的抚摸，我也很高兴。

我的形象也将浮现在你的面前，你紧闭的双眼中将涌出泪水，就像从前我和你曾经为美的事物而洒下的陶醉的泪水。你呀，我唯一的朋友，你呀，我如此深情，如此温柔地爱着你。

1878年12月

И.С.屠格涅夫为波林娜·维亚尔多写的浪漫诗

山雀

我听到山雀唱歌；
在泛黄的树枝间
你好，小鸟儿，秋天的使者！

尽管带着阴冷天气的威慑，
尽管预告着这严冬的萧瑟，
然而，你的快乐的歌声，
却洋溢着天赐的幸福。

你的快乐的歌声，
却洋溢着天赐的幸福。

我的耳朵被你
温柔的歌声俘虏，
或许，这只是无言的大自然
一场冷漠的演出？

或者，这快乐的高歌
是你内心里生的渴望。
在帮助人们

承受生与死的痛苦？

在帮助人们
承受生与死的痛苦？

黎明

睡梦尚未触动我的眼帘，
白日的第一道曙光
便已透进了小窗……

沉重的思绪使我彻夜难眠
我心神不安
疲惫不堪……

疲惫不堪……

夜的沉重思绪使所有人
心神不安，疲惫不堪

世界与你同在，
充满悲伤的心！
世界与你同在，
充满悲伤的心！

你可听到……召唤的声音？
那是上天的召唤……

星期日的钟声回荡，
回荡，回荡，
星期日的钟声回荡！

谜底

当你明亮的眼光
落在我身上，
我满腔的热血，
全都涌进了心房！

然而，它无声的言语
叫我久久地难以捉摸……
我努力求索它的真意，
带着惶恐和忧愁……

忽然，所有的疑虑云消雾散
惶恐忧愁一去不返……
我的天使，我明白了一切
在那个无比幸福的瞬间，

在无比幸福的瞬间，
在那个无比幸福的瞬间！

离别

离别啊，离别！
你给予心灵的痛苦有多少！
你让它受尽寂寞的折磨，
苦受悲戚的煎熬！

让它受尽寂寞的折磨，
让它受尽寂寞的折磨，
苦受悲戚的煎熬
苦受悲戚的煎熬
让它受尽寂寞的折磨，
苦受悲戚的煎熬
苦受悲戚的煎熬！

往日的力量在哪里？
唉，过去的我又在哪儿？
虽然你不再爱我……
可我并不想把你诅咒！

往日的力量在哪里？
唉，过去的我又在哪儿？
虽然你不再爱我……
可我并不想把你诅咒！
你不再爱我……
可我并不想把你诅咒

离别啊，离别！
你给予心灵的痛苦有多少！
你让它受尽寂寞的折磨，
苦受悲戚的煎熬！
让它受尽寂寞的折磨，
让它受尽寂寞的折磨，
苦受悲戚的煎熬，
苦受悲戚的煎熬。
让它受尽寂寞的折磨，
苦受悲戚的煎熬，
苦受悲戚的煎熬！①

① 本诗第一节、第三节为黄成来、金留春译，详见《屠格涅夫诗选》，黄成来、金留春译，上海译文出版社，2000年版，第107页。

法门之前

（原作者 歌德）

法官大人，你不会知道
我将谁家的孩子放在心上！

哼！你在喊叫：“荡妇！……”
我是清白的女人！
我是清白的女人！

我认识他，你不知道！
我的朋友永远不会把我背叛！
无论他锦衣玉食，
还是穷困潦倒。

惭愧、羞辱、人们的嘲笑
这一切我都愿意承受……
我的心上人不会出卖我……
愿上帝保佑他！

法官大人，我的好法官大人，
求你们放过我们……
我的孩子！没什么大不了
我们不求他们……

我的孩子！没什么大不了
不，我们不求他们！不求！

黑夜与白昼

（原作者 爱德华·邱尔克提）

黑夜的梦幻烟消云散。
天上的晨星闪闪发光。
微笑……泪水……
这清晨的一刻！
甜美的幸福之光近在眼前！
但是阴影没有完全消散……
这里是光明和欢乐。
那里是黑暗和忧愁！
回想我们之间的关系，
我心萌动，让我再说一遍：
我是黑夜的暗影！
你是白昼的亮光！

寂静的森林

（原作者 P.波尔）

寂静的森林，寂静森林！

你是多么的让人快乐！
你巨大的魔力，
唤醒多少希望与梦想！
在你绿枝的浓荫下
小溪潺潺流过，
梦幻般的阳光，
微微摇曳，闪动。
微微摇曳，闪动……
微风在窃窃私语，
树叶在交头接耳。
轻盈的气仙是否
躲在茂密的松树后面偷笑？
突然，清脆的钟声像汹涌的海浪
淹没了森林，静止的森林！
突然，清脆的钟声像汹涌的海浪
淹没了森林，静止的森林！
越来越高，越来越高，
越来越高，越来越高，
那钟声消失在高高的天际！

虚度的一生

（原作者 P.波尔）

她望着落日的余晖，

泪水使视线变得模糊……
少年时代的回忆涌上心头
美好纯真的梦幻，
美好纯真的梦幻，
美好纯真的梦幻，
无比珍惜的心上人，
甜蜜幸福的生活，
所有的一切被黑幕掩盖，
所有的一切消失不见，一去不返。
老妇默默地叠起
颤抖、苍白的双手
从惨淡的唇间发出喃喃低语：
“请赐给我们安乐的长眠！”
“请赐给我们安乐的长眠！”

期待

（原作者 P.波尔）

如今他离开了我的家
只对我说了一声“再见”
可我又开始惴惴不安地期待
我的心苦不堪言……
看着他消失在夜的黑暗
我有个心愿

跟随他，跟随他，去有他的呼吸的地方
我的爱人，我的英雄！
我的心啊，请你告诉我
怎样才能挨到那个时刻？
他什么时候才能再来
我什么时候才能拥抱我的朋友？

园丁

（原作者 Э.·默里克）

年轻的公爵小姐
骑在一匹马上，
像一只黑色的乌鸦
从我眼前飞过！
年轻的公爵小姐
骑在一匹马上，
像一只黑色的乌鸦
从我眼前飞过！
从早晨开始
我就在路上铺撒沙砾
在她马蹄下面
道路闪着银光！
哦，插在她卷发上的美丽羽毛
我多么希望

你悄悄地掉下来，
那该有多好！
你要什么奖赏？
想要鲜花吗？
我把所有的花都给你，
我一点儿都不吝惜！
你要什么奖赏？
想要鲜花吗？
我把所有的花都给你，
我一点儿都不吝惜！

往日幸福

（原作者 Э.·默里克）

幸福的时光！你总是那么快地，
那么快地
隐藏、消逝！
如果我的朋友对我忠实，
对我忠实
我不会忧伤！
那里四周的田野上
田野上
割麦的女人在放声高唱。
只有我一人

只有我一人
泪湿眼眶！
我四处游荡，像个影子，
像个影子
在那个小山丘下，
他曾经多少次，
多少次！
叫我亲爱的朋友的地方！
我站在那里，俯下身
俯下身
面对静静流淌的小溪。
你温柔抚摸过的辫子
温柔抚摸过的辫子
被大风吹乱！
幸福的时光！你总是那么快地，
那么快地
隐藏、消逝！
如果我的朋友对我忠实，
对我忠实
我不会忧伤！！

坏天气

（原作者 海涅）

这是一个坏天气！这可真是坏天气！外面打雷又下雨……我坐在窗边默默无语，眼望外边的黑夜。远处一点寂寞的微光闪烁，慢慢地向前移动；原来是个老妈妈提着小灯在那里蹒跚而行。她肯定是去购买鸡蛋、黄油和面粉……她要给她的女儿。

给她的女儿做一块点心。而她的女儿正倒在靠椅上，在小夜灯的照耀下睡眼蒙眬；金黄的卷发轻轻地遮住甜美的面庞。这可真是坏天气！

献给波林娜·维亚尔多的诗

阿列克谢·普列谢耶夫

致女歌唱家

（维亚尔多-加西亚）

不！我无法忘记您，还有您迷人的声音，
就像无法忘记初恋的甜蜜泪水！
只要想起您，我心头的痛苦就会消失，
于是，我又重新愿意去相信，去爱！
我不能忘记她……那个戴着茂密花环，
充满激情的女神，

她出现在我的面前……唱着神圣的颂歌，
而她的眼睛里闪耀着圣洁的光芒……
当她俯身弹起金色的竖琴，
我看到她脸色苍白，像美丽的苔丝德蒙娜，
她用心歌唱着柳树……那是一首老歌
喊叫声不时打断她凄凉婉转的歌喉。
她多么了解，多么了解
那个熟悉人们并了解他们内心秘密的人；
如果那个伟人能够复活，
他会把自己的桂冠戴在她的头上。
有时，我觉得她像年轻的罗济娜，
与她家乡的夜色一样浪漫多情……
当我倾听她那奇妙的声音，
我的心飞向一个快乐美好的世界，
那里的一切都令人陶醉，那里的一切都赏心悦目，
那里的天空永远是一片湛蓝，
那里有夜莺在无花果的枝头啼鸣，
那里有柏树的影子闪烁在平静的水面！
于是，我的胸膛充满了神圣的喜悦，
和纯净的快乐，高高地挺起，
焦急不安的惶惑在一瞬间消失，
心中充满了平静和清爽。
我愿意去拥抱整个世界，
就像拥抱久别重逢的好友……

哦！我无法忘记您，还有您迷人的声音，
就像无法忘记初恋的甜蜜泪水！

1846年

弗拉基米尔·别内迪克托夫

一个疯子

（维亚尔多-加西亚歌唱之后）

你在要我的心，我的泪，我的血
神奇的女歌唱家！哦，我请求饶恕。
当你说出“我是个疯子，我仍然爱他”时，
我忧伤难忍，肝肠寸断。

“我仍然”这三个词
刚刚被你浇在我的心上，
我就料到了一切：对下个词“爱”，
我的心早已做好了准备。

“爱”字还没说出口，我的心里
第一百次出现了那个问题：爱谁？
你回答：爱“他”。一切都明了；
无须说出他的名字，就是他，是他！

“我仍然爱他”……头脑陷入沉思
千头万绪……我等待一个词的出现——听到了
“疯子”就是它，就是它！而我
被你的疯狂……还有你的“爱”征服、震惊。

“爱”整个世界，天地，上帝
与你一起融入深深的、疯狂的“爱”里
被你的疯狂……还有你的“爱”征服、震惊。
哦，请再说一次“爱”……不，让我歇息片刻
不，我不想呼吸了——求你，就再说一次。

又是“我仍然”天籁般的嗓音再次响起
又一次，是“他”，我闷得透不过气来……
“疯子”，我在颤抖……好可怕……头发都竖起来了……
“爱”，为了这个“爱”，死也值得。

1849年

作者简介

叶连娜·佩尔武申娜（Елена Первушина），安东·佩尔武申的妻子，1972年生于圣彼得堡，毕业于第二医学研究所，是一名职业医生。1989年她开始创作幻想文学作品，是许多文章、评论和幻想小说的作者。她的作品以女性题材为主，是读者公认的经典爱情小说。她的第一篇文章《当代幻想小说中的性别战争》（*Война полов в современной фантастике*）发表在《帝国》（*Империя*）杂志上，第一部短篇小说《让我走！》（*Позволь мне уйти*！）1999年发表在《门槛》（*Порог*）杂志上。

她是《失败者的国王》（*Король побежденных*）、《看不见的城市》（*Невидимый город*）等奇幻小说的作者。她是“2018年6月12日，星期二”匿名小说大赛的获胜者。

内容简介

屠格涅夫活了65岁，从来没有结过婚，然而有一位与他终生亲密的女友，那就是当时欧洲著名的女歌唱家波琳娜·维亚尔多，人们通称她为维亚尔多夫人。维亚尔多比屠格涅夫小3岁，出生在意大利，1845年作为歌唱演员跟一个歌剧团到了彼得堡。屠格涅夫喜欢听她唱歌，对她一见钟情……

这位身材娇小，并不漂亮的女人俘获了同时代所有男人的心。但只有一位俄罗斯作家伊万·屠格涅夫决心冒险跟随自己的心灵。他成为这家人的朋友，而她是他的最大的幸福与伤痛。这本书就是一生真爱的见证，这段完整的罗曼史就在屠格涅夫与维亚尔多的往来信件里。

怀疑论者常说，爱情是不能永恒的。然而生活却一次次地让他们相信爱情。伊万·屠格涅夫和巴黎歌剧团经理路易•维亚尔多的夫人波琳娜·维亚尔多之间灼热的爱情故事持续了40余年。